Alexander Golfidis, geboren 1963, lebt und arbeitet in München. Nach einer überwunden Drogenabhängigkeit hat er mit dem Schreiben begonnen und ist inzwischen Autor mehrerer Bücher. Nebenbei hat er einen Drogenhilfeverein ins Leben gerufen und ist in der Drogenprävention tätig.

Alexander Golfidis

Die Mechanik der Sucht

Schwerpunkt
illegale Drogen

Bibliografische Information der Deutschen Nationalbibliothek:
Die Deutsche Nationalbibliothek verzeichnet diese Publikation
in der Deutschen Nationalbibliografie, detaillierte bibliografische
Daten sind im Internet über dnb.dnb.de abrufbar.

TWENTYSIX – Der Self-Puplishing-Verlag
Eine Kooperation zwischen der Verlagsgruppe Random House und
BoD – Books on Demand

©2017 Alexander Golfidis

Herstellung und Verlag:
BoD – Books on Demand, Norderstedt

ISBN: 9783740725846

Copyright © 2017 Alexander Golfidis, München.
golfidis@googlemail.com
Umschlagabbildung: © 2017 Alexander Golfidis.

Die Charaktere von Max, Marie, Lisa, Pit, Ben, dem Ex-Mann und Herrn Klar sind frei erfunden und beziehen sich auf keine lebenden Personen. Jegliche Ähnlichkeiten mit lebenden Personen sind rein zufällig und vom Autor in keinster Weise beabsichtigt.

Insbesondere die dargestellten Beratungsstellen und Institutionen bilden keinerlei Bezug zu real existierenden Unternehmen oder Einrichtungen.

Inhalt

Vorwort	3
Wahrnehmung und Sucht	5
Max – einer von vielen	13
Der Mensch	21
Unser Gehirn	26
Glück und Unglück	31
Max	34
Stress	52
Die Mechanik der Sucht	72
Herr Klar/ der 1. Besuch	78
Herr Klar/ die Reflexion	97
Herr Klar/ die Überwindung	116
Herr Klar/ das-auf-dem-Weg-bleiben	130

»Wer die SUCHT schauen will, muss erst die Menschen kennen.«

Vorwort

Dieses Buch bezieht keine Stellung zu Drogen. Es ist kein »Drogen-warn-Buch«. Es will weder Drogen verherrlichen noch verteufeln. In diesem Buch geht es allein um die Sucht und es soll Möglichkeiten aufzeigen, wieder davon frei zu werden. Dazu ist es von Vorteil, die Mechanismen der Sucht zu verstehen.
Falls Ihnen Aussagen oder Behauptungen unseriös oder unwahr erscheinen, bitte ich Sie dies zu prüfen. Das ganze Thema um illegale Drogen ist derart mit Klischees behaftet, dass andersartige Aussagen, die nicht dem kollektiven Allerweltdenken entsprechen, schnell als unrichtig abgetan werden, auch wenn sie wahrheitsgemäß sind.

Marie lag in ihrem Bett und las das noch unveröffentlichte Manuskript eines Romans. In dem Buch ging es um Drogensucht. Ein Thema, für das sie sich früher überhaupt nicht interessiert hatte, bis ihr Sohn Max anfing Drogen zu nehmen und dann immer weiter abgestürzt war. Eigentlich wollte sie in der Erziehung ihr Bestes geben. Max sollte es besser haben als sie. Aber das Leben hatte nicht so mitgespielt. Mit ihrem Ex-Mann hatte es häufig Streitereien gegeben und oft hatten sie die Streits vor Max ausgetragen. Die ganze Ehe hindurch hatte sie sich wie gelähmt gefühlt. Doch was halfen nun Selbstvorwürfe. Außerdem, welche Eltern schafften es schon immer alles richtig zu machen. Auch Eltern unterliefen Fehler. Marie sah auf die Uhr. Es war schon nach Mitternacht. Sie sollte längst schlafen. Morgen musste sie ins Büro. Sie konnte es sich nicht leisten unausgeschlafen zu sein. Wie es Max wohl ging? Marie warf einen Blick auf ihr Handy. Seit einem Anruf aus dem Krankenhaus, wo sie Max vor etwas über einem Jahr mit einer Überdosis eingeliefert hatten, achtete sie darauf, dass es immer griffbereit am Nachttisch lag. Die Worte des Arztes, der Max ins Leben zurückgeholt hatte, hallten ihr noch immer im Ohr: »Ein paar Minuten später und wir hätten nichts mehr für ihn tun können!« Das Bild bekam sie auch nicht mehr aus dem Kopf. Max hatte wie ein Toter in der Intensivstation gelegen. Er war überall verkabelt gewesen. Sogar intubieren und beatmen hatten sie ihn müssen. Der regelmäßig, wiederkehrende Piepton vom Monitor über seinem Bett, war der einzige Hinweis gewesen, dass er am Leben sein musste. Die Erlebnisse damals waren ein gewaltiger Schock für sie. Seither gab es keine Nacht, in der sie richtig durchschlafen konnte. Die Drogensucht ihres Sohnes war eine verdammte

Geißel. Ein regelrechter Fluch. Marie las die Überschrift des ersten Kapitels. Sie lautete:

Wahrnehmung und Sucht

In Platons berühmten Höhlengleichnis sind Menschen in einer Höhle an Schenkeln und Nacken so gefesselt, dass ihr Blick immer nur geradeaus an die Höhlenwand gerichtet ist. Den Höhleneingang hinter sich können sie nicht sehen und erahnen ihn daher auch nicht. Ein in der Nähe des Eingangs brennendes Feuer erhellt die Höhlenwand. Zwischen dem inneren des Gefängnisses und dem Feuer verläuft eine nicht sehr hohe Mauer. Gegenstände werden die Mauer entlang getragen; durch das Feuer werden sie als Schatten an die Wand geworfen. Die Träger allerdings bleiben durch die niedere Mauer verdeckt, sodass nur die Schatten der Gegenstände – Nachbildungen menschlicher Gestalten und anderer Lebewesen aus Stein und Holz – an der Wand vor den Gefangenen erscheinen. Da aber die Gefangen von den Trägern nichts ahnen, und nur die Schatten über die Wand huschen sehen, glauben sie, die Schatten seien Geschöpfe wie sie selbst. Sprechen die Träger, hallt es von der Höhlenwand zurück, als hätten die Schatten geredet. Daraus leiten die Gefangenen ab, dass die Schatten sprechen können. Sie betrachten sie als Lebewesen und deuten das, was geschieht, als reale Handlungen. So entwickeln die Gefangenen eine Wissenschaft von den Schatten, sie versuchen in deren Auftreten und Bewegungen Gesetzmäßigkeiten festzustellen und daraus Prognosen abzuleiten. Lob und Ehre spenden sie dem, der die besten Voraussagen macht.

Kernaussage des Höhlengleichnisses ist, dass die Menschen die Realität in ihrer Gesamtheit gar nicht erfassen, sondern nur einen Teilabschnitt betrachten und glauben, es handle sich dabei, um die Wahrheit.

In der Regel liest sich eine Drogenbiografie so: Ein Jugendlicher kommt aus einem schwierigen Elternhaus, oft abwesende Elternteile, vielleicht auch Missbrauch und Gewalt, dann das Versagen in der Schule, es folgen die falschen Freunde und schließlich kommt er mit Drogen in Kontakt. Dann gibt es ein erstes kurzes Hoch und danach folgt das völlige Abgleiten in die zerstörerische Sucht.
Dieses Modell, wie Drogensucht entsteht, scheint beinahe für die gesamte Menschheit rund um den Globus Gültigkeit zu besitzen.

Für Platon hätten sich hier allerdings bestimmt noch zahlreiche Fragen ergeben:

1. Was sind Drogen? Wer hat den Begriff definiert? Waren es vertrauenerweckende Personen und Institutionen, die den Begriff festgelegt haben – die eine Unterscheidung in legal und nicht legal, in schädlich und nicht schädlich, getroffen haben? Hatten diese Personen das Gemeinwohl vor Augen und waren sie frei von persönlichen und wirtschaftlichen Interessen? Waren sie gebildet und weise genug, eine solche Unterscheidung treffen zu können? Inwiefern hilft es, gewisse schädliche Substanzen zu erlauben und andere hingegen zu verbieten?

Was ist der Unterschied zwischen LSD und Heroin, zwischen Alkohol und Cannabis, Zwischen Tabak und Kakao? Lassen sich tatsächlich alle Drogen auf den gemeinsamen Nenner bringen, dass sie alle süchtig machen?

Werden alle Menschen süchtig, die Drogen probiert haben? Wenn nicht, warum entwickeln dann die einen eine Sucht, die anderen aber nicht?

2. Ist es richtig, dass illegale Drogen verboten sind? Ist es richtig, dass Alkohol und Tabak erlaubt sind?
Jährlich stehen weltweit etwa 9,3 Millionen Alkohol- und Tabaktote, zirka 200.000 Drogentoten gegenüber. Sind die falschen Drogen verboten?

3. Wie ist es möglich, dass hierzulande ein Großteil der älteren Bevölkerung schon einmal ein abhängig machendes Opiat – nämlich Codein (Hustensaft) – zu sich genommen hat, diese aber nicht süchtig wurden, während in den 80er Jahren das Codein zu den am häufigsten gehandelten Ersatzdrogen in der Szene gehörte?

Fragen über Fragen und keine Antworten?

Wenn man ein wenig zu den Drogenverboten recherchiert, lässt sich leider feststellen, dass es nie eine wissenschaftlich objektive Einstufung bezüglich des Gefahrenpotentials der Drogen gegeben hat. Diese Tatsache allein verleiht allen Drogenverbotsbefürwortern einen schlechten Stand. Das mantramäßige Argumentieren der Drogenbekämpfer, die Dynamik illegaler Drogen sei viel bedrohlicher als die von Alkohol und Tabak, erscheint beinahe lächerlich in Hinsicht der hohen Zahlen an Alkohol- und Tabaktoten. Derartige Aussagen taugen allenfalls dazu Ängste zu schüren, doch sie entbehren jeder Grundlage und rücken sie somit ins vage Reich der Mutmaßungen und Spekulationen. Ob

Befürworter oder Gegner des Drogenverbots, geholfen ist damit keinem.

1875 wurde in den USA das erste Drogenverbot der westlichen Welt erlassen. Dem Verbot war vorausgegangen, dass die immer zahlreicheren chinesischen Einwanderer – in manchen Bundesstaaten stellten sie schon ein Viertel aller Beschäftigten dar – der einheimischen Arbeiterschaft ein Dorn im Auge waren. Die Gewerkschaften machten mobil gegen die unerwünschten Lohndrücker aus China. In den Fokus der Anti-Chinesen-Propaganda rückte die Sitte des Opiumrauchens. So entstand das erste Drogenverbot, das bei Geld- oder Freiheitsstrafe den Opiumkonsum untersagte.

Bei der Recherche zum umstrittenen Cannabisverbot von 1937, tauchen immer wieder drei Namen auf: William Randolph Hearst, ein Multimillionär; Harry J. Anslinger, ein Politiker und fanatischer Drogengegner; und der Chemiekonzern DuPont, der in dieser Zeit Nylon und Rayon patentierte, die in Konkurrenz zu den Hanfprodukten standen.

William Randolph Hearst, ein Waldbesitzer und Papiermühlen-Magnat, löste in den 1930er Jahren eine riesige Hetzkampagne gegen die Hanfpflanze aus.
Hearst, zu dessen Imperium Dutzende Tageszeitungen, Wochenzeitungen, Radiosender, ein Filmstudio sowie mehrere Medienfirmen gehörten, war Besitzer von immensen Waldflächen, die er für sein Zeitungsimperium benötigte. Er lief Gefahr Millionen zu verlieren, da sich aus der Hanfpflanze (Cannabis) ebenso Zellstoff zur Papierfertigung herstellen ließ, wie aus Holz. Darüber hinaus sogar noch weitaus schneller, effektiver und

kostengünstiger. Seine Zeitungen, die etwa ein Drittel aller volljährigen Bürger Amerikas erreichten, brachten einen Artikel nach dem anderen heraus, die die Hanfpflanze verteufelten. Die Leser wurden mit Schauermärchen überflutet und die Hanfpflanze sollte nun für alles Schlimme verantwortlich sein – von Autounfällen bis zu zügelloser Moral.

Hearst fand Verbündete in Politik und Industrie. Harry J. Anslinger, der Drogengegner und Politiker, und die Chemiefirma DuPont. Sie finanzierten Filme, in denen gewalttätige Cannabis-Abhängige gezeigt wurden.

In einer Szene wurden Landstreicher und jugendliche Gewalttäter dargestellt, die Marihuana (Cannabis) rauchten und anschließend randalierten und über wehrlose Frauen herfielen und sie vergewaltigten.

In einer anderen Sequenz zeigten sie unheilbare Wahnsinnige, die unter dem Einfluss von Cannabis ganze Sippschaften mit einer Axt vernichteten.

1937 hatten der Industrielle und seine Helfer dann ihr Ziel erreicht und die Hanfpflanze (Cannabis) wurde verboten.

Erwähnenswert ist auch, dass die Amerikaner gar nicht wussten, dass das Verbot die Hanfpflanze betraf, die bis dato eine der am häufigsten angebauten Nutzpflanzen in den USA war, da in den Artikeln immer nur von Marihuana die Rede war.

Doch das alles sei hier nur am Rande erwähnt und es ist auch für dieses Buch nicht von Belang. Wichtig für dieses Buch ist allerdings das Drogenverbot an sich. Ob es den gewünschten Erfolg brachte und die Menschheit vor den Gefahren, die von Drogen ausgehen, bewahrt. Oder ob sich das Verbot ins Negative kehrte und die Drogen erst zu einer Gefahr wurden.

Vielleicht lässt sich dieser Zusammenhang nie ganz klären, aber es mutet schon seltsam an, dass die weltweite Drogenproduktion von Jahr zu Jahr steigt; sich seit der US- Militärintervention in Afghanistan, die Opiumproduktion vervierzigfacht hat; die Drogenkriege in Südamerika jedes Jahr mehr Opfer fordern (Wikipedia nennt hier allein für Mexiko seit 2006 eine Zahl von 185.000 Opfern); und die geheimen Drogenlabors beinahe stündlich neue Substanzen entwickeln, die dann ungeprüft auf dem Markt landen – wie etwa Krokodil (eine Substanz, die den Körper von innen zersetzt), Mephedron, Cloud Nine und viele mehr.

Es stellt sich die Frage, ob sich die Menschheit überhaupt diktieren lässt, welche Substanzen sie zur Berauschung verwenden darf und welche keinesfalls? Offensichtlich nicht. Laut einem UN-Bericht hat jeder vierte erwachsene EU-Bürger schon einmal illegale Drogen ausprobiert. Das bedeutet, dass sich einer von vier Erwachsenen strafbar machte, in dem er illegale Drogen nahm und sich zudem den Gefahren einer Suchterkrankung aussetzte.

Eine mögliche Ursache lässt sich vielleicht hier finden: Während Hanf in den USA vor 1937 überwiegend von der schwarzen Bevölkerung und mexikanischen Immigranten als Rauschmittel genutzt wurde, änderte sich mit dem Verbot die Situation; Anfang / Mitte des 20. Jahrhunderts entdeckten es die Hipster.

Die Hipsterbewegung entstand rund um vornehmlich schwarze Musiker, die den Bebop – eine Musikrichtung und Ursprung des Modern Jazz – spielten, und um die (meist weißen) Dichter, der Beat Generation. Die Hipster waren vorwiegend in schwarzer Kleidung anzutreffen, die männlichen Exemplare hatten nach Dizzy Gilespies Vorbild ein Ziegenbärtchen und eine Baskenmütze, und sie hingen selbst in dunklen, verrauchten Jazzclubs mit einer Sonnenbrille herum. Und die Hipster hatten eine gewisse Affinität zu illegalen Drogen; Marihuana (Cannabis) rauchen gehörte fast zum »guten Ton«, und Heroin war aufgrund von Charlie Parker, Ray Charles und William S. Burroughs zumindest weit verbreitet. So wurden ausgerechnet die illegalen Drogen – vornehmlich das Cannabis – zum Protestsymbol der Jugend gegen die Konsumgesellschaft.

Anfang der 1960er Jahre schlossen sich einige Hipster zu den The Merry Pranksters zusammen, (Prank kommt aus dem Englischen und bedeutet soviel wie Schelmerei oder Streich) – sie fuhren mit einem bunt bemalten Bus durch die USA und luden die interessierte Bevölkerung zu LSD-Happenings ein. Erwähnenswert ist an dieser Stelle noch Jack Keruacs Buch »On the Road«, über Jazz, Bebop, Sex, Drogen und einer Reise quer durch den US-amerikanischen Kontinent – das von der jungen Bevölkerung wie eine Bibel aufgenommen wurde und für ganze Generationen zum Kult-Buch avancierte. Jetzt wollten alle denselben Lebensstil pflegen wie ihn die Figuren aus dem Roman zelebrierten – sich von gesellschaftlichen Zwängen befreien und Sex und Drogen wann immer sich die Gelegenheit ergab.

Aus den Hipstern und den The Merry Pranksters wurden die Hippies, die sich an deren Lebensstil anlehnten, und auch Drogen konsumierten. Und spätestens ab da traten die illegalen Drogen einen weltweiten Siegeszug an, der bis heute ungebrochen anhält. In der dänischen Hauptstadt Kopenhagen nahmen Hippies ein leerstehendes Militärgelände in Beschlag und gründeten die staatlich geduldete autonome Gemeinde Christiania. Es gab ein Yogazentrum, Theatergruppen und Gebäude für Kiffer. Die Hauptattraktion von Christiania war allerdings die Pusher Street (Drogenhändlerstraße) wo

Haschisch und Cannabis öffentlich an befestigten Ständen verkauft wurden.

In Australien bevölkerten feiernde Hippies das verschlafene Dorf Nimbin und gründeten die größte Kifferkommune des Landes. Zum jährlichen MardiGrass-Festival finden seither bis zu 20.000 Kiffer den Weg nach Nimbin. In USA, Argentinien, Indien, Spanien und auf Hawaii entstanden ähnliche Hippiekolonien. Und in München, im Englischen Garten, war der Monopteros und die Wiese darunter zu Deutschlands berühmtesten Hippieparadies geworden. Einmal die Woche kam sogar der Briefträger zum Monopteros geradelt, wo er den Gammlern und Hippies aus aller Welt die Post zustellte. Dabei musste er sich jedes Mal durch eine Wolke von Haschischrauch kämpfen, die mal aus jenem und mal aus diesem Gebüsch wehte. Bis Mitte der 1990er Jahre zählte der Englische Garten mit zu den ersten Adressen für den Einkauf von Haschisch und Cannabis in Deutschland.

So waren die Ersten, die trotz des Verbots Cannabis rauchten, junge Menschen, Künstler, Musiker, Schauspieler und Intellektuelle.

Und mit dabei – die Vorbilder der Jugend, angefangen mit Louis Armstrong (er rauchte angeblich drei Joints am Tag), Judy Garland, Elvis Presley, Truman Capote, die Animals, die Beatles, die Rolling Stones, – das zieht sich durch bis Lady Gaga und Miley Cyrus heute ... Es waren und sind immer die Vorbilder der jeweiligen Jugend. Und wer wollte nicht sein wie sie und ebenfalls der bürgerlichen Welt den Stinkefinger (oder den Joint) zeigen.

Möglicherweise hat das Drogenverbot zu einem Paradoxon geführt und läuft der eigentlichen Absicht, die Menschheit vor Schaden zu bewahren, zuwider.

Max – einer von vielen

Als sich Max noch im Kindesalter befand, war die Situation folgende: Der Vater, beruflich viel unterwegs, lernte auf seinen Geschäftsreisen immer wieder Frauen kennen, mit denen er dann Affären anfing. Die Mutter machte ihrer Enttäuschung auf ihre Art Luft, indem sie ihn mit Vorwürfen traktierte. Die Tonlage schwankte dabei von schrill bis hysterisch laut. Und die am häufigsten verwendeten Wörter hießen: »Wieso?« und »Warum?«. Anfangs versuchte der Vater immer zu beschwichtigen, bis sich beide anschrien, dass die Wände wackelten.

Anstatt dass die Eltern zueinanderfanden, oder aber sich trennten, ging das viele Jahre so, bis Max acht Jahre alt war. Nach einem fürchterlichen Krach, zog der Vater aus und die Eltern ließen sich scheiden.

Doch kaum war der Scheidungsstress abgeklungen, fing die nächste stressige Phase an. Marie, die Mutter, war nun alleinerziehend und hatte kaum mehr Zeit, sich um Max zu kümmern – dazu kam, dass beide Elternteile neue Partner hatten, die ebenso Aufmerksamkeit beanspruchten. Marie traf es besonders hart, sie musste einen wahren Drahtseilakt zwischen Max und ihrem neuen Freund vollziehen, der sich zwar gern in Erziehungsfragen einmischte, aber nicht wirklich Sympathie für das Kind entwickelte. Stattdessen entstand für sie sogar der Eindruck, der neue Freund konkurriere mit Max um ihre Gunst; oft, wenn sie ihm Essen zubereitete oder Sachen hinterherräumte, gab das Anlass für Streitigkeiten.

Die neue Ehefrau des Vaters – er hatte gleich nach der Scheidung wieder geheiratet – machte es nicht besser. Sie

mischte sich genauso in die Kindeserziehung ein und wenn Max zu Besuch kam, gab es auch dort Streit.
Ab da begann ein wahrer Psychokrieg zwischen den beiden Parteien, in dessen Verlauf es Max irgendwann nicht mehr wagte, gegenüber dem Vater, die Mutter zu erwähnen, da dieser dann nicht mehr aufhören konnte, über die Ex herzuziehen – wie er sie nun abfällig nannte – und andersrum war es dasselbe. Den zuhause erlebten Stress konnte der mittlerweile vierzehnjährige Max schon lange nicht mehr kompensieren. Sportarten wie Fußball, Handball oder Judo, wo er sich hätte abreagieren können, blieben aus, da sich die Eltern, aus Angst um das Wohlbefinden des Sohnes, nicht einigen konnten und so fing Max an, sich immer mehr zurückzuziehen und am Computer Ego-Shooter Spiele zu spielen; und das teilweise bis spät in die Nacht hinein.
Die Leistungen in der Schule ließen nach und ab der Pubertät, wurden sie nochmal schlechter.

Wie nimmt der inzwischen fünfzehnjährige Max illegale Drogen wahr?
Von den Eltern, den Lehrern und den Drogenaufklärern in der Schule – wie Polizisten und Sozialpädagogen – wurde er vor Drogen gewarnt. Trotzdem kann er sich nicht viel darunter vorstellen, alles was er weiß, hat er vom Hörensagen. Allerdings stellt sich die Sache mit den Drogen für ihn etwas undurchsichtig dar, denn einige von Max Vorbildern – er ist inzwischen ein ausgesprochener Fan von Rap-Musik, wie Snoop Dogg und Wiz Khalifa – bekennen sich öffentlich zum Kiffen und Why SL Know Plug (früher Money Boy), ein anderer Rapper, hält sogar den Konsum von MDMA und Heroin auf Partys für empfehlenswert. Daraus folgert Max: Drogen soll man nicht nehmen, weil sie für normale Leute gefährlich sind,

aber verwegene Typen, wie seine Rapp-Vorbilder und auch manche Stars wie Brad Pitt oder Justin Timberlake nehmen nicht nur Drogen, sondern sie können ihnen auch nichts anhaben. Und sogar der amerikanische Präsident Barack Obama galt laut seiner Biografie als großer Kiffer, wie Max kürzlich gelesen hat. Dennoch bleibt für ihn das Thema rund um die Drogen wie ein Buch mit sieben Siegeln. Er hat in seinem jungen Leben noch nie welche genommen- geschweige denn je einen Rauschzustand erlebt.

Das ändert sich, als Max ein Jahr später in die 8. Klasse kommt und mit seinem neuen Sitznachbarn Freundschaft schließt. Pit hat zuhause fast dieselben Verhältnisse wie er; auch seine Eltern sind geschieden und mit dem Neuen der Mutter kommt er nicht klar. Pit ist ungefähr gleich alt, überaus sympathisch, hat viele Freunde und Pit kifft. Nach kurzer Zeit hat Max auch Pits Clique kennengelernt, bei denen Kiffen genauso ein Thema ist, und so kommt es, dass sich Max für das Kiffen zu interessieren beginnt.

*

Durch die Prohibition sind in unserer Welt Berichte über Drogen durchweg negativ gefärbt. Besonders an Schulen werden gewisse Themen rund um die verbotenen Stoffe tunlichst ausgeklammert.

Beispielsweise, dass der deutsche Chemie- und Pharmariese Bayer gegen Ende des vorletzten Jahrhunderts ein Verfahren zur Synthese von Diacetylmorphin erfand und den gewonnenen Wirkstoff unter dem Namen »Heroin« als nicht süchtig machendes Schmerz- und Hustenmedikament auf den Markt brachte. Während Merck, ein anderes deutsches Unternehmen, ebenfalls ein Mittel gegen Husten im Programm hatte: das Kokain.

Sigmund Freud, der Begründer der modernen Psychoanalyse, war davon so angetan, dass er ein Loblied auf das Kokain verfasste, in dem er es als Heilmittel gegen Depression, Hypochondrie, Hysterie und Morphinsucht anpries. Erst, als Freuds Kollege Ernst Fleischl von Marxow infolge seiner Sucht verstarb, kam es zum Umdenken Freuds. Er hatte Fleischl nämlich das Kokain zur Heilung seiner Morphinsucht verschrieben, mit dem Erfolg, dass Fleischl auch noch vom Kokain abhängig wurde.

Genauso wenig wird erwähnt, dass Hanf (Cannabis) bis Anfang des letzten Jahrhunderts weltweit zu den am häufigsten angebauten Nutzpflanzen gehörte. Vor dem Verbot zählte die Hanfpflanze zu den vielversprechendsten Nutzpflanzen überhaupt: Seile, Stoffe, Bekleidung, Papier, Hanfsamenöl, Farben, Lacke und unzählige andere Dinge ließen sich daraus herstellen. Mit dem Slogan – gewachsen in der Erde – wurde von Henry Ford vor knapp 75 Jahren sogar ein Auto präsentiert, dessen Karosserie überwiegend aus Hanf bestand. Stolz tönte Ford, während er mit einem Hammer die Stabilität seines Hanf-Autos demonstrierte, das Material sei zehn Mal stoßfester als entsprechende Blechbauteile. Er behauptete sogar, das Auto könne sich überschlagen, ohne auseinanderzubrechen. Doch das Cannabisverbot bescherte dem Hanf und dessen Erforschung ein abruptes Ende und ebnete den Weg für ein Produkt des Herstellers DuPont: dem Nylon.

Sind Fachkräfte zur Drogenprävention an eine Schule geladen, ist es ihre Aufgabe, ein negativ behaftetes Bild der Drogen zu vermitteln und so wird nur die halbe Wahrheit erzählt. Keine Erwähnung findet meist die

Begebenheit, dass Rauschmittel seit Anbeginn der Menschheit zu unserem Leben gehören. Dass schon in der Steinzeit Alkohol, Fliegenpilze, psilocybinhaltige Pilze, Schlafmohn und Cannabis konsumiert wurden.
Einen der ersten schriftlichen Hinweise auf Drogen liefert Homer:
»Schnell in den Wein, warf jene, wovon sie tranken, ein Mittel, Kummer zu tilgen und Groll, und jeglicher Leiden Gedächtnis.«
Gemeint war wohl das Opium.
Genutzt wurden die Drogen aber nicht nur für religiöse Zwecke, wie oft einseitig hervorgehoben wird, sondern auch zu sozialen Riten; an Hochzeiten, Familienfesten und anderen Anlässen.

So bauten die Skythen Schwitzhütten, in denen sie über heißen Steinen Hanfpflanzen verräucherten.

Im Urchristentum galt ein maßvoller Rausch als Quell der Freude.

Und die römischen Kaiser Nero und Marc Aurel erfreuten sich am Theriak, einer im antiken Rom beliebten Medizin, die neben Vipernblut (das gegen einen Giftanschlag helfen sollte), auch Opium enthielt.

Während von den Drogenaufklärern die Möglichkeit eines maßvollen Umgangs mit Alkohol noch zuweilen eingeräumt wird, wird selbiges in Hinblick auf illegale Drogen, wie etwa Cannabis, strikt verneint.

Auch dass ein Drogenrausch nicht immer nur negative Aspekte haben muss, wird generell unter den Teppich gekehrt.

So wird kein Drogenaufklärer jemals etwas davon verlauten lassen, dass Alexandra David Neel ihre erste und einzige Haschisch-Zigarette rauchte, infolge der Berauschtheit eine Eingebung hatte, und den Entschluss fasste nach Indien zu reisen. Sie ist die erste Europäerin, die die verbotene Stadt Lhasa in Tibet besuchte; sie schrieb zahlreiche Bücher, wurde im hohem Alter zum Ritter der Ehrenlegion ernannt und 100 Jahre alt.

Oder dass Helge Timmerberg, ein Journalist und Schriftsteller, nach einer LSD-Erfahrung, sein Vorhaben Sozialpädagoge zu werden an den Nagel hängte, sich in den Flieger setzte und einer der erfolgreichsten Reisejournalisten Deutschlands wurde.

Auch dass mutmaßlich die letzten drei US-Präsidenten, und damit die mächtigsten Männer der Welt, gekifft haben, findet keine Erwähnung:

»Ich habe nie auf Fragen nach Marihuana geantwortet«, wird Georg Bush in der New York Times zitiert. »Und weißt Du warum? Weil ich nicht wollte, dass irgendein Kind ausprobiert, was ich ausprobiert habe.«

Der ehemalige US-Präsident Bill Clinton, gibt an, er hätte beim Kiffen nicht inhaliert, während Barack Obama ganz offen zugibt, in seiner Jugend gekifft zu haben.

Ebenso werden die vielen positiven Tests mit LSD und Psilocybin an psychisch Kranken in der Drogenaufklärung verschwiegen. Man ist bemüht, ein durchweg negatives Bild aufzuzeigen.

Doch wenn junge Menschen tatsächlich Drogen ausprobieren, gibt es niemand der beratend zur Seite steht. Niemand der sagt:»Warte lieber bis du erwachsen bist. Gerade während des Heranwachsens kann sich das Kiffen negativ auf die Entwicklung auswirken.

Und wenn du dich vom Kiffen partout nicht abhalten lässt, wähle lieber eine leichte Cannabissorte, anstatt Räuchermischungen mit synthetischen Cannabinoiden – es gibt kaum gesicherte Informationen zu den Langzeitfolgen bei Räuchermischungen – nicht dass du

am Ende Pickel bekommst, oder dir irgendwann dein Ding abfällt.
Und lass die Finger auf alle Fälle von Crystal, Mephedron und Opiaten. Nimm niemals Fentanyl. Fentanyl ist hundert Mal stärker als Morphin, das ist wie bei Russisch Roulette – nur mit dem Unterschied, dass im Revolver fünf Kugeln stecken, statt einer – bei einer Überdosierung wachst du nie wieder auf.«

Doch anstelle eines sachkundigen Drogenberaters, übernehmen dann selbsternannte Drogen-Bescheidwisser die Rolle des Beraters. Das sind Jugendliche, die selbst schon Drogenerfahrungen haben; vielleicht aber auch nur vom Hörensagen kennen und das Gehörte dann so weitergeben.
Bei Max ist es Berni. Berni gehört zu Pits Freunden. Er hat schon ein paar wenige Drogenerfahrungen und dealt gelegentlich.

*

»Du hast noch nie gekifft«, fragte Berni an Max gewandt.
Max zog leicht die Mundwinkel nach unten und schüttelte wahrheitsgemäß den Kopf. Lieber hätte er jetzt geantwortet, dass er schon mal an einem Joint gezogen hätte.
Berni sah ihn grinsend an.
»Ich habe noch ein wenig Amnesia bei mir rumliegen. Nach der Schule können wir zu mir gehen, was rauchen.«
Max verzichtete darauf nachzufragen, um was für eine Substanz es sich bei *Amnesia* handelt. Er wollte sich keine weitere Blöße geben. Berni würde schon wissen, was er tat, schließlich kannte er sich aus.
Fatal.

Berni war ein richtiger Drogen-Fan. Seit seiner ersten Erfahrung mit Cannabis – die absolut positiv ausfiel – hatte sich für ihn eine neue Welt aufgetan. Bernie hatte einen gewaltigen Lachflash gehabt. An dieser Stelle lohnt es zu wissen, dass Berni zuvor gar nicht so viel zu Lachen hatte. Er wuchs bei seiner Oma auf, da seine psychisch kranke Mutter, die sich nie richtig um ihn kümmern konnte, ihn im Alter von drei Jahren bei ihrer Mutter abgegeben hatte.
Vor dem Erlebnis mit Cannabis hatte Berni wenig Freunde und haufenweise Minderwertigkeitskomplexe gehabt, doch das gehörte jetzt der Vergangenheit an. Inzwischen war er in Pits Clique zu so einer Art Drogenexperten aufgestiegen. Er hatte alle Arten von Bücher über Drogen gelesen, darunter ein Werk mit fast tausend Seiten, die – Enzyklopädie der psychoaktiven Pflanzen – dann hatte er viel im Internet recherchiert und chattete regelmäßig mit anderen Drogenkonsumenten, wo er sich weiteres Wissen angeeignet hatte. Und inzwischen wusste er weit mehr über illegale Drogen als jeder andere in seiner Klasse. Doch die Drogenbeschaffung stellte ein Problem dar. Berni war erst fünfzehn. Der Typ mit dem Cannabis hatte von der Polizei Besuch bekommen und dealte nicht mehr. Und am Hauptbahnhof, wo die Drogenszene war, hatten sie ihn schon zweimal übel abgezogen. Schließlich fing Berni an im Internet zu suchen und wurde fündig. Es stand zwar auf der Webseite eines Online-Growshops, kein Verkauf an Minderjährige, aber geprüft wurde das nie. Fünf Tage nach der Bezahlung per Vorkasse lag das Päckchen im Briefkasten, unscheinbar verpackt, in einer braunen Standard-Versandtasche ohne Firmenlogo. Der Inhalt, zwei kleine bunte Alu-Druck-verschlussbeutel mit je zwei Gramm *Amnesia*, für 46,00 Euro.

Der Mensch

»Wer die SUCHT schauen will, muss erst die Menschen kennen.«

Um das Phänomen der Sucht aufzuzeigen, ist es unumgänglich das Individuum Mensch einmal genauer unter die Lupe zu nehmen. Da es aber der Mensch nicht sonderlich liebt, wenn jemand an seiner Fassade kratzt, sollten sie die nächsten Zeilen vielleicht mit etwas Abstand und ein wenig Humor lesen.

Würde man eine Person fragen, wie es um die Menschheit bestellt sei, würde diese mit hoher Wahrscheinlichkeit antworten, dass sie sich im Fortschritt befände.

Von Konfuzius gibt es das Zitat: »Andere sieht man im klaren Licht, sich selbst aber nicht!«

Doch dieses Zitat ist nicht nur auf das Individuum als Einzelperson zutreffend. Im Kollektiv gesehen lässt es sich beinahe auf die gesamte Menschheit anwenden. Ist sie blind gegenüber sich selbst? Oder handelt es sich eventuell sogar um eine Art in Kauf genommene Blindheit, für unsere Bequemlichkeit? Jeder kennt die Worte »Umweltschutz« und »Frieden«. Wie grotesk erscheint es, dass wir uns als intelligente Wesen, vor uns selbst schützen sollen, sogar müssen? Und funktioniert das überhaupt? Sind wir am Ende gar nicht so intelligent wie wir uns brüsten zu sein? Oder sind wir zu bequem unsere Intelligenz anzuwenden, weil wir sonst zu unbequemen Änderungen gezwungen wären?

Der Mensch rühmt sich ein hochentwickeltes intelligentes Lebewesen zu sein, das aus freien Stücken heraus entscheiden und selbstbestimmt handeln kann. Doch wie frei und unbeeinflusst ist das Handeln des Wesens Mensch tatsächlich?

Es gibt kein widersprüchlicheres Wesen als den Menschen. Sind in Kaufhäusern Mittel zur Schädlingsbekämpfung ausgestellt, könnte man sich fragen, wo denn das gegen die Menschen zu finden sei. Denn unzweifelhaft ist es der Mensch, der unserem Planeten, mit seiner mannigfachen Tier- und Pflanzenwelt, den größten Schaden zufügt. Aber stimmt, ein Mittel gegen das Wesen Mensch gibt es längst – Waffen gehören wohl mit zu den ältesten Erfindungen der Menschheit.

Wenn ein Außerirdisches Wesen im Zeitraffer das Erdgeschehen der letzten hundert Jahre betrachten würde, kämen ihm wohl erhebliche Zweifel, dass es sich bei der Gattung Mensch um das intelligenteste Wesen der Erde handeln soll. Denn wieso zerstört ein Wesen in einem derartigen Ausmaß die eigene Existenzgrundlage? Zur Vergegenwärtigung: Der Mensch holzt die Regenwälder ab, vergiftet die Böden und gibt sie der Versteppung preis, verseucht die Flüsse, betoniert ganze Landstriche zu, fischt die Weltmeere leer und müllt sie mit Plastikschrott, Chemie- und Industrieabfällen voll – und er verpestet die Luft – und zwar in einem solchem Ausmaß, dass der Erde infolge der Treibhausgase der Kollaps droht.

Der Preis, den unser blauer Planet für das Individuum Mensch zu zahlen hat, ist hoch.

Allein zwischen 1970 und 2010 hat sich laut dem Living Plantet Report 2014, der Umweltstiftung WWF, die Tierpopulation weltweit durch zerstörte Lebensräume, Jagd und Überfischung halbiert; nach Angaben der WHO sind jährlich ca. acht Mio. Todesfälle auf die Folgen der Luftverschmutzung zurückzuführen. Wobei die Folgen der Erderwärmung noch ausstehen: Wenn der Klimawandel, das Bevölkerungswachstum und die

Umweltzerstörung so weitergehen wie bisher, droht der Burnout des Ökosystems Erde – gigantische Dürren, Feuer und Sintfluten, und noch nie dagewesene Hungersnöte sind als mögliche Folgen für dieses Szenario von Wissenschaftlern vorausgesagt worden.
Als wäre dem nicht genug, greifen die Kriege im Pulverfass Naher Osten und Nordafrika immer weiter um sich, mit ihren unabsehbaren Folgen für die Umwelt und der stetig wachsenden Gefahr eines dritten Weltkrieges. Die Weltuntergangsuhr steht auf fünf vor zwölf.

Das Außerirdische Wesen käme eher zu der Auffassung, dass die Menschen in einem seltsamen Konkurrenzkampf zueinander stünden, der rund um den Globus wie umherziehende Gewitter immer wieder in neue Kriegshandlungen gipfelt. Wobei sich im Gesamtbild des Außerirdischen die Erkenntnis einstellen würde: Alle gegen jeden.

Man muss sich das vor Augen führen: Das intelligenteste Wesen der Erde, bastelt am Weltuntergang – wie ist das möglich?
Zusammenfassend ließe sich sagen, so wie Sektenanhänger an die Heilsverkündungen eines Gurus glauben, glaubt der Mensch an den Fortschritt, der das alles verursacht hat.
In Wahrheit ist der Mensch nicht höher zu bewerten als jedes andere Lebewesen auf diesem Planeten, und er muss sich erst bewähren, seine Probleme in den Griff bekommen, denn sonst wird sich die Natur seiner entledigen, oder er sich der Natur, dem blauen Planeten Erde – in beiden Fällen bedeutet das seinen Untergang.

Der Mensch – ein Widerspruch in sich selbst. Und sogar die Außergewöhnlichsten seiner Gattung, waren nicht ohne Tadel.

Rainer Maria Rilke, ein begnadeter Dichter, war bekennender Faschist; Stefan Zweig, einer der großartigsten Schriftsteller seiner Zeit, ein mutmaßlicher Exhibitionist; und selbst Gandhi wird nachgesagt, er habe die notwendige Injektion mit Penicillin für seine todkranke Frau verhindert, da die Einspritzung von Medizin seiner Lehre der Gewaltlosigkeit widersprach.

Wieso ist das Wesen Mensch so unvollkommen, dass selbst die Vollkommensten seiner Art noch Fehler begehen?
Eine mögliche Antwort liegt im Werdensprozess eines jeden Menschen. Werden wir in die Welt hineingeboren, beginnen wir bei der Stunde Null. Außer ein paar Erbanlagen, die wir von unseren Eltern ererbt haben, befindet sich weiter nichts in unserem Gepäck.
Es klingt abwegig, trifft aber zu: Faktisch unterscheidet uns nichts von einem Menschen der vor rund 16.000 Jahren am Rande der Höhle von Lascaux saß und Feuersteine aneinander schlug. Der moderne Mensch ist vor knapp 40.000 Jahren aus Afrika nach Europa gekommen und von der genetischen Anlage her sind wir mit ihm durchaus identisch. Man könnte fragen: Aber wachsen wir nicht immer schneller, werden unaufhörlich größer, frühreifer und intelligenter?
Die Antwort ist: Jein. Der Bauplan des modernen Menschen findet noch immer innerhalb seiner alten genetischen Veranlagung statt, Größenwachstum und die früher einsetzende Pubertät hängen mit der gesteigerten protein- und eiweißhaltigen Ernährung zusammen; eine entsprechende Mangelernährung ließe uns schnell wieder schrumpfen. Was uns jedoch vom Steinzeitmenschen unterscheidet, ist die Kinderstube. Wenn man so will: die veränderten Aufzuchtbedingungen.

Ab dem Zeitpunkt unserer Geburt lernen wir von unseren Mitmenschen und wir lernen aus Fehlern. Und aus dieser Sicht sind Fehler ein unverzichtbarer Nährboden für den Reifeprozess eines jeden Menschen – ohne sie, kein Fortschritt.

»Irren ist menschlich« - »Errare humanum est«, wussten schon die alten Römer zu sagen.

Doch in seinem Selbstbild kann der moderne Mensch alles. Er baut Häuser, Brücken und Autos und vieles mehr. Dabei vergisst er jedoch allzu gern, wie viele Wände und Dächer einstürzen mussten, bis die Vorfahren gelernt hatten, wie man ein stabiles Haus errichtet. Wie viele Brücken zusammenkrachten, bis sie wussten, wie man eine tragfähige Brücke baut. Und wie viele Erfindungen notwendig waren – angefangen mit der Erfindung des Rads vor etwa 6000 Jahren –, bis ein Auto fuhr. Alleine bis man fähig war ein Buch zu schreiben, haben zuvor unzählige die Sprache erfunden, die Schriftzeichen, das Papier, und die allgemeinen Regeln zur Rechtschreibung festgelegt.

Aber wie erwähnt, in seinem Selbstbild ist der Mensch unübertrefflich; zumindest dann, wenn er seine Mitmenschen betrachtet, und ihm sofort klar ist, was sie falsch machen.

Hat nicht jeder schon einmal folgende Sätze in Hinblick auf Süchtige gehört:

»Wenn ich in dem seiner Haut stecken würde, würde ich sofort aufhören.«

oder

»Mir unverständlich, wie der so weitermachen kann.«

Dahingesagt sind derlei Worte schnell, aber könnte man tatsächlich aufhören, wenn man in der Haut eines Süchtigen stecken würde?

Wie frei sind Menschen in ihrem Handeln tatsächlich? Ist es nicht so, dass wir uns bei jeder kleinen Richtungsänderung unverhältnismäßig schwer tun?
Zum Beispiel, wenn wir uns vornehmen jeden Tag Sport zu treiben, abzunehmen, freundlicher zu sein – wie viele von solchen Vorsätzen ließen sich tatsächlich in die Tat umsetzen?
Und falls es freie Menschen unter uns gibt, woher haben sie ihre Freiheit bezogen, ist sie ihrer eigenen Kraft entsprungen, oder haben sie sie sich bei ihren Eltern, Verwandten oder Vorbildern abgesehen; wurde sie ihnen anerzogen, und ist ihre Freiheit dann noch etwas, auf das sie stolz sein können?

Ein Zitat von Buddha lautet:
»Wer sich selbst überwindet, ist ein größerer Held, als wer auf dem Schlachtfeld tausend Mal tausend Feinde besiegt.«

Um Aussagen wie diese näher zu beleuchten, hilft es die Funktionsweise des Menschen zu ergründen, und dazu ist ein Blick in die tiefen Hemisphären seines Denkorgans unabdingbar:

Unser Gehirn

Man könnte sich jetzt das Gehirn als äußerst komplex und kompliziert vorstellen: Allein mit den Nervenbahnen ließe sich die Erde 145 mal umrunden; insgesamt besteht das Gehirn aus hundert Milliarden Nervenzellen und diese sind wiederum mit hundert Billionen Synapsen verbunden ...

Aber am besten stellen wir uns anstelle des Gehirns nur zwei einfache Stahlschränke vor, die bis unter die Schädeldecke reichen und mit Akten angefüllt sind. Die Schränke sind jeweils in mehrere Schübe unterteilt. Im linken Stahlschrank befinden sich Informationen. Im rechten Programme, ähnlich den Schalttafeln einer elektronischen Anlage. Wie auch ein Computer speichert unser Gehirn Informationen, der Speicher dafür befindet sich in den Synapsen. Damit wir zum Beispiel das Zähneputzen nicht jeden Tag neu erlernen müssen, werden Nervenzellen im Gehirn miteinander vernetzt, sodass die Vorgehensweise des Zähneputzens jederzeit abrufbar ist.

Wenn man jetzt als Beispiel das Fahrrad heranzieht, würde das so aussehen:

Als wir noch klein waren, haben uns die Eltern einmal die Funktionsweise eines Fahrrads erklärt und weil wir die Information so interessant fanden, haben wir sie in dem Schrank mit den Informationen verstaut.

Dort steht jetzt alles zu einem Fahrrad:

Das Fahrrad hat zwei Räder. In den Rädern muss Luft sein. Eine Kette geht von den Tretpedalen, die sich in der Mitte befinden, zum Hinterrad. Tritt man auf die Tretpedale, wird das Fahrrad angetrieben. Es gibt eine Vorder- und eine Rückradbremse an den jeweiligen Rädern.

Eines Tages haben sich die Eltern dann Zeit genommen und uns das Fahrradfahren beigebracht. Diese Information, die notwendigen Bewegungsabläufe und alles, auf was man beim Radfahren sonst noch achten muss, haben wir in dem Schrank mit den Programmen untergebracht.

Dort steht jetzt, wie genau das Fahrradfahren funktioniert: Auf den Sattel setzen, aber zumindest mit einem Fuß am Boden bleiben, damit man nicht mitsamt des Fahrrads umfällt. Leicht Schwung holen. Mit einer Vorwärtsbewegung abstoßen. Gleichzeitig die Tretpedale betätigen und Gleichgewicht halten. In den Kurven mit dem Körper mit der Neigung des Fahrrads mitgehen. Vorrausschauend fahren, auf den Verkehr achten. Bei Nässe, Matsch und Schnee dementsprechend vorsichtig fahren, besonders in Kurven. Auf Spurrillen achten, nicht mit den Reifen in Trambahngleise geraten. Vorsicht beim Bedienen der Vorderradbremse. Darauf achten, dass das Rad nicht blockiert und man über den Lenker katapultiert wird.

Wenn man sich als weiteres Beispiel das Schwimmen vornimmt, steht im Schrank mit den Informationen: Auf die Wassertemperatur achten. Nicht in gefährliche Strömungen schwimmen. Bei starkem Wellengang nicht schwimmen. Nicht zu weit raus schwimmen usw.

Im Schrank mit den Programmen steht dann die dementsprechende Anleitung, die man als Kind im Schwimmunterricht beigebracht bekam: Sobald die Füße keinen festen Untergrund mehr berühren, wie erlernt mit Armen und Beinen Schwimmbewegungen ausführen ...

Derartige Programme und Informationen sind zahlreich in unserem Gehirn vorhanden. Im Laufe unseres Lebens haben wir sie uns angeeignet.

Ein Buch lesen: Im Schrank mit den Informationen steht, dass Bücher aus mit Worten bedruckten Seiten bestehen; reiht man die Worte aneinander, ergibt sich ein Text.
Unser erlerntes Programm sagt dazu: von links nach rechts lesen; ist man am Ende einer Seite angelangt, umblättern.

Hat aber jetzt jemand das Lesen nicht erlernt, hätte er kein Programm, um ein Buch zu lesen. Er würde vielleicht das Buch verkehrt herum in die Hand nehmen; oder versuchen in der Mitte oder von hinten anzufangen. Er wüsste nicht mal, dass man von links nach rechts liest; von oben nach unten.

Kann jemand nicht Fahrradfahren, mag er sich schon denken, wenn er anderen dabei zusieht, er könnte es nachmachen. Aber sobald er es versucht, wird er sich mit hoher Wahrscheinlichkeit ein paar blaue Flecke holen.

Kann jemand nicht Schwimmen, denkt er möglicherweise, das Schwimmen sei eine leichte Sache. Doch wenn er ins tiefe Wasser geht, wird er untergehen wie ein Stein.

Das Zähneputzen.
Unsere Eltern haben uns erklärt, dass die Zähne geputzt werden müssen, da sonst Speisereste äußerst schmerzhafte Löcher verursachen – das steht jetzt in unseren Informationen. In dem Schrank mit den Programmen dazu steht, Zahnbürste in die Hand nehmen, mit Zahnpasta bestreichen, kurz anfeuchten, und mit den Borsten leicht kreisend über die Zähne bewegen.
Kinder tun sich Anfangs schwer, ans regelmäßige Zähneputzen zu denken, aber irgendwann fehlt ihnen etwas, wenn sie nicht mit geputzten Zähnen ins Bett gehen und sie fühlen sich unwohl; und spätestens ab da ist aus der Information und dem Programm eine überaus positive Gewohnheit geworden, die dem Kind in der Zukunft jede Menge Zahnarztbesuche ersparen wird.
Und so geschieht es, dass aus den Informationen und Programmen, Gewohnheiten und Handlungsmuster entstehen.

Wenn das Kind von der Schule kommt und die Eltern nach den Schulaufgaben fragen und mit ihm lernen, lernt das Kind das Lernen. Erfolgreiches Lernen ist erlernbar. Irgendwann begreift das Kind, dass zwischen dem anstrengenden Lernen und den guten Noten, die es in der Schule erhält, ein Zusammenhang besteht. Und ab da hat das Kind einen wichtiges Programm erlernt, das es braucht, um in der Schule und im späteren Leben erfolgreich sein zu können.

Vollkommen anders verhält es sich, wenn das Kind nachhause kommt und niemand Zeit hat, um mit ihm zu lernen; irgendwann wird es den Schulranzen in die Ecke stellen und mit dem Spielen beginnen. Dann wird das Kind kein Programm haben, dessen es sich bedienen kann, um in der Schule Erfolg zu haben. Stattdessen wird sich ein schlechtes Gewissen einschleichen, weil es weiß, dass man von ihm erwartet, dass es lernt. Doch nun wird das Schulranzen in die Ecke werfen, das Nichtlernen und das schlechte Gewissen in Kauf nehmen, zur Gewohnheit. Die Leistungen in der Schule lassen nach und die Schule wird mehr und mehr zum Stresserlebnis.

Dagegen wird bei dem Kind das lernt, das tägliche Aufstehen, das in die Schule gehen und das Lernen zwar noch als mühselig erlebt, aber auf der anderen Seite sorgen die guten Noten und der Erfolg für einen gewichtigen Ausgleich. Das Kind hat es als überaus positiv empfunden, dass es von Eltern und Lehrern für die guten Leistungen gelobt wurde; einige Mitschüler hatten sogar um Mithilfe bei ihren Aufgaben gebeten und dabei haben sich neue Freundschaften ergeben. So geschieht es, dass bei diesem Kind die Informationen zum erfolgreichen Lernen und das dazugehörige Programm in beiden Schränken ganz nach oben wandern, in die obersten Schübe.

Auf diesen Schubladen steht: Glück erzielen und Leid vermeiden.

Glück und Unglück

Der Mensch strebt nach Glück und sucht es auf den verschlungensten Wegen. Er erklimmt die höchsten Berge; taucht in die Untiefen der Ozeane; bezwingt Wüsten und Eismeere; zieht für Überzeugungen in Kriege; sprengt sich bei Selbstmordattentaten in die Luft; schließt sich Sekten und Heilsverkündern an – und all sein Handeln geschieht stets im Namen des Glücks.

»Der Sinn des Lebens besteht darin glücklich zu sein.«
Dalai Lama
Obwohl Glück das Ziel allen menschlichen Strebens und Sehnens ist, gelingt es nicht jedem glücklich zu werden. Oft wird die Messlatte für das Glück auch sehr hoch angesiedelt, insbesondere dann, wenn wir uns weit davon entfernt fühlen. Dann glaubt man das Glück bei anderen zu sehen, zumeist bei Menschen, die man nicht kennt oder nur oberflächlich, die ein teures Auto fahren und in einem schönen Haus leben, die angesehen, reich oder berühmt sind und viel in der Welt herum reisen.
In diversen Umfragen hadert in unserem Land zwar nur ein erstaunlich geringer Teil der Bevölkerung mit den Lebensbedingungen, aber richtig glücklich schätzen sich die Wenigsten. Einige wähnen sich auf dem Weg zum Glück. Glück ist für sie etwas, das vage in der Zukunft liegt und auf das sie hinarbeiten wollen.
In unserer Leistungsgesellschaft ist der Weg zum Glück vorgegeben. Die Maxime heißt, sich anpassen,

produzieren und konsumieren – und zwar immer besser, immer schneller, immer mehr. Zahlreiche Versicherungen wie Kranken-, Arbeitslosen-, und Rentenversicherung sollen uns dabei vor einem Unglück bewahren. Es gilt das Motto: erst die Arbeit, dann das Vergnügen; ohne Geld, kein Glück. Und so fängt es schon in der Grundschule an, emsig wie die Bienen büffeln wir für gute Noten, um aufs Gymnasium zu gelangen. Dort bemühen wir uns, um Jahre später das Abi zu bestehen.

Von Anfang an gilt: wer nicht mithalten kann, bleibt auf der Strecke. »Survival of the Fittest«, gemäß der Darwin'schen Evolutionstheorie kommen nur die Bestangepassten durch. Den Übrigen bleibt noch der Mittelschulabschluss mit einer Berufslaufbahn im Dienstleistungssektor. Aber nach unten wird es eng; auf die Schulversager warten dann Billiglohn-Jobs, Arbeitslosigkeit und Hartz IV.

Haben wir das Abi in der Tasche, fangen wir ein Studium an, das wir am besten mit einem Master abschließen. Dann suchen wir mit Hochdruck einen guten Job, knien uns rein für Gehaltserhöhungen und Beförderungen. Zwischendrin muss ein geeigneter Partner und ein SUV her, am besten mit 300 PS, damit jeder sehen kann, dass wir es richtig machen. Wir knien uns noch mehr rein, nehmen Kredite auf und kaufen uns eine Eigentumswohnung, oder noch besser, ein Häuschen im Grünen. Dann noch schnell ein Kind, um eine glückliche Familie zu repräsentieren. Schaffen wir es bis zur Rente durchzuhalten, ist das Ziel erreicht, das Kind erwachsen, die Schulden zumeist getilgt und die Zeit zum Glücklichsein ist da. Ist noch etwas Geld übrig, kaufen wir uns vielleicht noch einen Sportwagen, den wir uns schon immer erträumt haben. Und wer hat sie nicht schon

gesehen: alte Knacker, die sich mit Rheuma, Bandscheibenvorfall und Arthrose in das enge Cockpit eines Sportwagens zwängen.
Dagegen ist eigentlich nichts einzuwenden, außer, dass wer bisher nicht glücklich war, es mit ziemlicher Sicherheit auch im Alter nicht werden wird.

Im Leben unterliegt alles der Vergänglichkeit und davon sind auch wir betroffen. Ohne Zweifel gibt es Alter, Krankheit und Tod in der Welt und niemand kann dem entfliehen. Immer besser, schneller und mehr ist in Hinblick auf das Leben nicht möglich. Das Leben ist ein Entstehen, Werden und Vergehen. Demgemäß hieße glücklich zu sein, sich im Fluss mit dem Leben zu befinden, allzeit mit der momentanen Situation klar zu kommen, mit Gleichmut Schwierigkeiten zu bewältigen und dabei stets eine gewisse Zufriedenheit zu bewahren.
Glücklichsein ist kein Zustand der von außen kommt. Man könnte niemanden dauerhaftes Glück schenken. Man könnte zwar jemanden in dem Arm nehmen, ihm zuhören, trösten, ihm vielleicht ein tolles Geschenk machen oder aus einer misslichen Lage befreien, um ihn für einen Moment glücklich zu sehen. Aber dauerhaft wird das wohl kaum gelingen.

»Es gibt keinen Weg zum Glück. Glücklichsein ist der Weg.«
Buddha
Glücklichsein hängt immer mit unserer Wahrnehmung zusammen. Es sind unsere Einstellungen und Sichtweisen, die über Zufriedenheit und Unzufriedenheit entscheiden. Wähnt man sich im Mangel, sieht man sich unzufrieden; wähnt man sich reich, sieht man sich zufrieden.
Doch noch etwas anderes entscheidet über unser Glück und Unglück. Stellt man sich den Mensch mit

ausgebreiteten Armen als Waage vor, hält er in der rechten Hand eine Waagschale, die mit all den Dingen angefüllt ist, die an ihm zehren und ihm Kraft kosten: Das jeden Tag den Verpflichtungen nachkommen; der ewige Kampf ums Geld; schwierige Beziehungen mit Mitmenschen; Konflikte mit Kollegen und Vorgesetzten ...

In die Waagschale, die in der linken Hand liegt, kommen alle Dinge, die uns Spaß und Freude bereiten, wie beispielsweise der Umgang mit guten Freunden und lieben Verwandten. Und mit in die Waagschale kommen auch sämtliche Programme aus der obersten Schublade mit denen wir die Empfindung von Glück erzeugen können: Fahrradfahren, Fußballspielen, Laufen, Klettern, Reiten, Tauchen, Wandern, Musik hören und Lesen – sowie alle Hobbys die den Geist fordern, wie Schreiben, Zeichnen, Malen, Gestalten oder Musizieren und vieles andere mehr ...

Max

Nach der Schule war Max mit zu Berni gekommen. Mit dabei waren auch Pit, Lenny und Laura, ein Mädchen aus der Parallelklasse. Berni sperrte die Wohnungstüre auf und lotste die Freunde den Gang entlang in sein Zimmer. Als sie am Wohnzimmer vorbeikamen, sahen sie seine Großmutter, die vor dem Fernseher saß. Sie sah sich eine Kochsendung mit einem Sternekoch an. Davon war sie vollkommen vereinnahmt. Berni steckte kurz den Kopf rein. »Ich habe ein paar Freunde mitgebracht«, sagte er zu ihr. »Wir hören ein bisschen Musik und machen dann noch was für die Schule.« Ohne den Blick vom

Fernsehgerät zu wenden, erwiderte sie: »Im Kühlschrank gibt es noch Fanta und Cola.« Als Max Bernis Zimmer betrat, wurde ihm klar, dass er Berni falsch eingeschätzt hatte. Das Zimmer war geschmackvoll eingerichtet, das hätte er ihm gar nicht zugetraut. Das erste was ihm ins Auge stach, war ein großes Bob Dylan Tour Plakat auf dem die Jahreszahl 1981 zu lesen war. Es war genau über der Stereoanlage platziert, die ein Vermögen gekostet haben musste. Berni schien ein ausgesprochener Musikfan zu sein. Eine ganze Plattensammlung mit LPs stand neben der Anlage. Als alle im Zimmer einen Platz gefunden hatten, entdeckte Max weitere Bob Dylan Poster an den Wänden. In einer Ecke standen jeweils in einem Ständer zwei E-Gitarren. »Du spielst Gitarre?«, fragte Max. Berni nickte, während er seine Plattensammlung nach einer geeigneten Scheibe durchsah. Als er fündig geworden war, zog er mit beiden Händen behutsam eine Vinyl aus der Plattenhülle und legte sie vorsichtig auf den Plattenteller. Dann stellte er die Anlage an und verließ noch einmal das Zimmer. Augenblicke später war er mit mehreren Getränken und zwei Tüten Chips zurück und stellte alles auf den Tisch. Er bat Max noch mal von seinem Sessel aufzustehen. Max war irritiert, stand auf. Berni grinste ihn an und klappte die Sitzfläche nach oben. Ein Staufach wurde sichtbar. Berni hob zuerst eine Bong heraus und dann ein kleines rundes Tablett, auf dem ein Tabakbeutel, das Tütchen *Amnesia*, Longpaper und zwei Feuerzeuge lagen. »Da drin ist es vor meiner Oma sicher«, sagte er. Die anderen nickten zustimmend. Und zu Max gewandt, sagte er: »Jetzt kannst du dich wieder hinsetzten.« Max nahm wieder Platz und sah aufmerksam zu, wie Berni aus dem Tabakbeutel etwas Tabak holte und auf einem Blatt Papier mit ein paar Krümeln der Räuchermischung

Amnesia vermischte. »1/20«, sagte Berni. Die Mischung stopfte er in einen kleinen Pfeifenkopf und schraubte diesen auf die Bong. »Wer will als erstes?«, fragte er. Lenny beugte sich vor und ließ sich die Bong reichen. Schließlich führte er sie zum Mund und hielt die Flamme des Feuerzeugs an die Öffnung. Lenny inhalierte mit einem tiefen Zug den Rauch in seine Lungen, das Tabakgemisch glimmte auf und ein Geruch von Vanille breitete sich im Raum aus. Als er den Rauch nicht mehr halten konnte, stieß er eine Rauchwolke hervor und hustete kurz. Etwas weiß um die Nase, ließ er sich in die Couch sinken. »Alles in Ordnung?«, fragte Pit und nahm ihm die Bong aus der Hand. Lenny nickte. »Haut rein«, sagte er. Nach Pit wanderte die Bong zu Laura und anschließend zu Berni zurück. Dieser bereitete die Mischung für Max vor. »Rauch du zuerst«, sagte er und instruierte ihn, wie er die Bong halten sollte. »Das ist das Kickloch«, sagte er, »da musst du den Finger draufhalten, fest ansaugen und dann den Finger vom Kickloch nehmen.« Berni gab ihm Feuer, Max legte den Finger auf die Öffnung, zog, und nahm den Finger weg. Wie durch ein Katapult schoss ihm der Rauch in die Lungen. Als er ausatmete, musste er abhusten und es trieb ihm ein paar Tränen in die Augen. Doch der Hustenanfall war gleich vorüber; ihm war warm geworden und er strahlte übers ganze Gesicht. Das Gefühl war unbeschreiblich. Er fühlte sich wie eine tanzende Feder im Wind.
Zuletzt machte sich Berni einen Kopf fertig. Wenig später waren alle high. Max hatte sich so tief in seinen Sessel vergraben, dass seine Nase kaum noch über die Knie ragte. Lenny lag in der gleichen Position, nur auf dem Sofa, und fischte mit einer Hand nach Chips, die er sich schon seit Minuten in den Mund stopfte. Berni und

Laura hatten es sich währenddessen mit jeweils ein paar Kissen auf dem Teppichboden bequem gemacht.

Für Laura war es das erste Mal, dass sie illegale Drogen probiert hatte. Sie fühlte sich nicht wohl. Es hatte sie richtig weggebrettert. Den Kontrollverlust empfand sie als bedrohlich. Sie hoffte, dass der Rausch schnell vorüberging und dann wollte sie nie wieder Drogen nehmen. Berni und Pit kannten die Räuchermischung Amnesia bereits. Trotzdem nahm sich auch Pit vor, es in Zukunft nicht nochmal zu nehmen. Der Rausch war ihm zu heftig, er wollte lieber bei herkömmlichem Gras bleiben, das haute nicht so rein und damit hatte er bessere Erfahrungen gemacht.

Berni gab sich dem Rausch vollkommen hin, zufrieden registrierte er, dass alle high waren. Er war froh, Freunde gefunden zu haben und fand es toll, dass nun auch Laura mitgekommen war, auf die er stand. Max war total high. Zuerst hatte er gemerkt, dass sich eine totale Ruhe in ihm ausgebreitet hatte und dann war er sprichwörtlich mit dem Sessel verschmolzen. Ihm war angenehm warm geworden und seine Glieder fühlten sich so schwer wie Blei an. Es gab kein Wollen und kein Ablehnen mehr, alles war gut. Endlich.

Das war das, was Max auf der bewussten Ebene mitbekommen hatte. Doch tief in seinem Inneren spielte sich noch etwas ganz anderes ab: Hätte man mit Max vor dem Drogenkonsum umfangreiche medizinische Untersuchungen angestellt, wäre ein chronischer Anstieg der Stresshormone aufgefallen. Von einer schönen Kindheit, wie einiger seiner Freunde manchmal erzählten, wusste Max nichts zu berichten. Der Streit seiner Eltern hatte seine Kindheit dominiert. Seit der Trennung hatte sich die Situation dann noch einmal

verschlimmert. Papa war weg und der Neue seiner Mutter machte ihm das Leben zur Hölle. Er redete hinter seinem Rücken über ihn, nie direkt zu ihm selbst, aber Marie musste sich seinetwegen die ganze Zeit über Vorwürfe gefallen lassen: Dass er nichts tauge; dass er verzogen sei; dass er besser in einem Heim aufgehoben wäre, wo sie mit Jugendlichen wie ihm, die den ganzen Tag nichts machten und andauernd nur Forderungen stellten, gut zurechtkommen konnten. Wenn sie es dann nicht mehr aushielt, kam sie in einem hysterischen Anfall in Max' Zimmer gerannt und schrie ihn an. Meistens weil er irgendwas vergessen hatte aufzuräumen. Eine direkte Konfrontation zwischen Max und dem Neuen hatte es nur einmal gegeben, aber die war schlimm genug gewesen. Max hatte vor dem Fernseher gesessen, als der Neue nach Hause kam und ihn aufforderte den Sessel freizumachen, weil er nach der Arbeit erschöpft sei und der Platz im Sessel sein angestammter Sitzplatz sei. Max war seelenruhig sitzen geblieben. Mitten in der Nacht hatte ihn der Neue dann mit einem Schreikrampf aus dem Bett geholt. Er hatte sich in einer Kneipe ein wenig Mut angetrunken, und war nun drauf und dran, die Sache mit Fäusten regeln zu wollen. Max war aufgesprungen, hatte zurückgeschrien und wäre Marie nicht dazwischen gegangenen, hätten sie sich geschlagen.
Das war vor einem halben Jahr passiert und seither fühlte er sich nicht mehr sicher in der Wohnung. Jetzt schlief er schlecht und saß teils nächtelang vor dem Computer, mit dem Resultat, dass er oft morgens nicht mehr aus dem Bett kam und dann die Schule schwänzte. Die Fehlzeiten häuften sich; schließlich war er im Unterricht nicht mehr mitgekommen. Und jetzt war er der Einzige unter seinen Freunden, der mit ziemlicher Sicherheit sitzenblieb. Wenn ihn die anderen fragten, ob ihm das was ausmache,

sagte er immer, dass es kein Problem sei und ja wohl schon andere vor ihm sitzengeblieben waren, aus denen dann auch was wurde – doch das stimmte nicht: Es war ein riesengroßes Problem. Schlimmer als alles, was er sich ausmalen konnte. Nicht wegen des Sitzenbleibens an sich, das hätte er noch verwinden können – Max war ausgesprochen schüchtern, man konnte fast von einer Sozialphobie sprechen, und er tat sich wirklich schwer damit Freunde zu finden. Und jetzt hatte er seit Jahren endlich einmal Anschluss zu einer Clique gefunden und nun drohte er die Freunde schon wieder zu verlieren. Wenn er die Klasse wiederholen musste, würden sich mit Sicherheit die Freundschaften verlaufen. Wer wollte schon etwas mit einem Sitzenbleiber zu tun haben.
Vor Monaten waren ihm zum ersten Mal in seinem Leben Selbstmordgedanken gekommen. Auf dem Weg zur Schule hatte er in einem Park eine große, kräftige Linde gesehen und er hatte sich vorgestellt, sich daran zu erhängen. Dann hatte er die Gedanken schnell wieder beiseite geschoben. Ein paar Tage später hatte er sich dann dabei ertappt, wie er sich über verschiedene varianten des Suizids Gedanken gemacht hatte. Auch diese hatte er wieder verdrängt. Eigentlich wollte er sich nicht umbringen. Aber nun war es so, dass, sobald er in Stresssituationen geriet – wenn es zuhause Krach gab oder er wieder in der Schule schlechte Noten bekam – die Selbstmordabsichten wie Werbebanner zwischen seinen Gedanken aufpoppten. Bilder, in denen er sich an irgendeinem Baum hängen, oder tot mit einer Tüte über dem Kopf daliegen sah ...

Doch das war der vorherrschende Zustand vor dem Drogenkonsum gewesen – im Moment war alles anders: Es war das erste Mal seit Jahren, dass der ganze Stress von ihm abfiel. Und zwar so, als ob es ihn niemals gegeben hätte. Auch seine Schüchternheit und die Minderwertigkeitskomplexe waren plötzlich weg. Endlich war alles in Ordnung. Jetzt beherrschte ihn nur ein Gefühl: Er war bis in die letzte Zelle hinein zufrieden. Ein Zustand, den er fast schon vergessen hatte. Auf der bewussten Ebene bekam er nur mit, dass es ihm plötzlich einfach gut ging und er trotz des Schweregefühls bester Laune war.

Für Max' Unterbewusstsein allerdings war der Amnesia-Rausch wie ein fehlender Baustein, nun wanderte die Information zu Amnesia und die dazugehörige Technik des Bongrauchens nach ganz oben, in die beiden obersten Schübe, auf denen – Glück erzielen und Leid vermeiden – steht.

Max hatte, ohne dass es ihm bewusst war, eine Möglichkeit zum Glücklichsein entdeckt.

Und diese Entdeckung war für Max umso entscheidender, da in Punkto »Glück erzielen« in seinen Schüben nahezu gähnende Leere herrschte.

Da stand nicht wie bei vielen anderen Jungen: Fußballspielen macht glücklich – Max kannte kaum die Regeln und war außerdem vollkommen unsportlich. Es stresste ihn, wenn ihn jemand zum Mitmachen beim Sport aufforderte.

Da stand nicht, Fahrradfahren macht glücklich – als Kind hatte es ihm zwar der Opa beigebracht, aber jetzt stand das Fahrrad seit Jahren kaputt im Keller; außerdem war er inzwischen herausgewachsen, es war ein Kinderfahrrad.

Da stand nicht, Schlittenfahren macht glücklich – Marie hatte ihn zwar als Kleinkind einmal auf einem Schlitten hinterhergezogen, aber seitdem hatte er auf keinem mehr gesessen.

Da stand nicht, Skifahren macht glücklich – Skifahren war er überhaupt noch nie gewesen.

Das stand nicht wie bei vielen Anderen: In den Urlaub fahren macht glücklich – für ihn hieß in den Urlaub zu fahren Stress pur. Er hatte noch das letzte Mal im Kopf. Da hatte ihm der Freund der Mutter, während des Besuchs in einem Restaurant, die Pommes frites abgezählt, weil er nicht wollte, dass Max mehr auf dem Teller hatte als er.

Da stand nicht, raus in die Natur gehen macht glücklich – die Welt draußen sah er schon fast als bedrohlich an.

Da stand nicht, gute Noten machen glücklich – er kannte nur den Umkehrschluss: schlechte Noten machen unglücklich.

Nicht einmal Weihnachten und Geburtstage taugten für glückliche Momente – auch da gab es in der Regel zuhause Stress.

Genaugenommen kannte er, außer dem Konsum von Filmen und Musik, nur zwei Konzepte für Glück:

Mit guten Freunden abhängen – was aber sehr bedingt war, da man sich dazu in der Regel aufraffen und rausgehen musste, und nebenbei galt es dann auch noch die Schüchternheit zu überwinden, was ihm besonders wenn Mädchen dabei waren, nur selten gelang.

Und dann das Computerspielen – das machte zwar schon richtig Spaß, war aber in einer gewissen Weise für seine schlechten Leistungen in der Schule mitverantwortlich, da er nächtelang vor dem Computer hing.

Genaugenommen fehlte ihm sogar ein Baustein, der für Glück sehr wichtig ist. Dieser Baustein hieß: Disziplin und Konsequenz. Die Eltern hatten in der Erziehung keine Konsequenz an den Tag gelegt. Sie waren mit ihren Streitereien und Aufs und Abs so beschäftigt, dass sie es versäumt hatten, ihm gewisse Regeln beizubringen.

Im Klartext hieß das für Max, bis zum Zeitpunkt als er sechs Jahre alt wurde: ins Bett gehen, wann es beliebt, schlafen bis in die Puppen und wenn er nicht bekam, was er wollte, solange ein Gezeter zu machen, bis die Eltern nachgaben.

Als er dann schulpflichtig wurde, mussten ihn die Eltern fast schon aus dem Bett beten. Wenn sie es dann schafften, ihn aus den Federn zu holen, hieß es noch schnell das Frühstück runterwürgen und ab ins Auto, wo sie ihn zur Schule fuhren, weil er sonst heillos zu spät gekommen wäre. Seit dem Auszug des Vaters hatte dann eine befreundete Mutter diesen Service übernommen, deren Kind ähnliche Allüren zeigte und dieselbe Schule besuchte.

Und so ging das alle Tage, außer an den Wochenenden, wo Max selten vor zwei Uhr nachmittags aufstand.

    Max hatte nie gelernt seinen inneren Schweinehund zu überwinden, seine Selbstdisziplin war gleich Null. Gewissenhaftigkeit, Geduld und Ausdauer waren ihm ein Fremdwort. Eigenschaften die für Erfolge im Leben, und somit das Glück, unverzichtbar sind.

    Stattdessen gab es haufenweise Dinge die ihn unglücklich machten. Er bildete sich ein, dass er nicht gut aussah. Wenn er in den Spiegel blickte, sah er sich an einen pubertierenden Affen erinnert: Der Oberkörper zu lang, die Arme zu lang, die Beine zu kurz, die Nase zu klein, sein Ding auch zu klein und auf der Stirn haufenweise Pickel. In Wahrheit hatte er eine Menge Minderwertigkeitskomplexe, die ihm das Leben erschwerten.

Vor diesem Hintergrund war der Amnesia-Rausch für Max wie die Entdeckung des Heiligen Grals. Alles in ihm entspannte sich, ein Frieden breitete sich aus, und eine lebensspendende Kraft erwachte. Ein Zustand in dem er sich vollkommen unbekümmert und frei fühlte.
Es war eine der fundamentalsten Erfahrungen die er je in seinem Leben gemacht hatte.

Am Tag darauf war Max längst wieder nüchtern. Der Rausch hatte nur etwas über zwei Stunden angehalten. Max wusste nichts von einem permanent zu hohen Stresspegel während seiner Kindheit und Jugend; genauso wenig von einem mangelnden Glückshaushalt bei sich; auch nicht, was sich während des Rauscherlebnisses alles in seinem Gehirn abgespielt hatte. Nun war Max wieder der, der er schon vorher war, mit einem feinen Unterschied: Max war gut drauf, irgendwie hatte er wieder Mut geschöpft. Marie musste ihn nur einmal wecken und dann war er sofort aufgestanden. Für den heutigen Tag hatte er sich vorgenommen, die entsprechenden Lehrer zu fragen, ob es nicht doch eine Möglichkeit gäbe, dass er noch das Klassenziel erreichen konnte. Und dann gab es da noch etwas, das ihn fröhlich stimmte. Jetzt hatte er ein Geheimnis zu wahren: Wie schon seine Vorbilder, Snoop Dogg, Wiz Khalifa und Why SL Know Plug, gehörte er nun zu den Kiffern. Das alleine zauberte ihm schon ein Lächeln ins Gesicht. Natürlich konnte man sich nach einmal Bong rauchen noch nicht als richtiger Kiffer bezeichnen, aber Max würde wieder kiffen, so viel war schon mal klar. Er freute sich auch darauf Berni in der Schule zu treffen. In mehrerlei Hinsicht: Er wollte ihn nach einigen Musikstücken fragen, die dieser gestern aufgelegt hatte – ein paar Mal hatte ihn der Sound so richtig krass mitgerissen – und von mindestens zwei

Stücken wollte er sich unbedingt die CDs besorgen, da er keinen Plattenspieler besaß. Und dann wollte er Berni natürlich zu Räuchermischungen befragen – was die so kosteten, wo man sie herbekam und welche die besten waren. Nach Gras wollte er ihn auch fragen, was das kostete und wie genau die Wirkung dabei war und ob er ihm eines besorgen könnte. Einen Fuffi aus der Spardose hatte er sich schon in die Tasche gesteckt, eigentlich war dieser für die PlayStation gedacht, aber die musste jetzt warten.

***

Zwei Jahre und ein paar Monate später ist aus Max ein adretter junger Mann geworden. Würde man Max an dieser Stelle fragen, was sich für ihn seit dem ersten Drogenkonsum verändert hat, würde er zuerst etwas nachdenken und dann wahrscheinlich sagen: Alles. Er hätte zwar nicht genau bestimmen können, inwiefern das erste Drogenerlebnis vor über zwei Jahren dabei eine Rolle spielte, oder ob es überhaupt etwas damit zu tun hatte. Er hätte nur sagen können, dass seither alles anders geworden war. Rückblickend war er in der Zeit vor dem Drogenkonsum ein schüchterner, dummer Junge, der sich vor lauter Minderwertigkeitskomplexen kaum aus dem Haus wagte, nur vor dem Computer hing, und dessen Welt trist und grau war. Dagegen war seine jetzige Welt hell und bunt und voll von interessanten Leuten und Abenteuern – mit dem Max von früher war er nicht mehr vergleichbar.

Hätte man Marie gefragt, hätte sie schon gesagt, dass sie sich große Sorgen und auch Vorwürfe mache. Seit über einem Jahr war die Beziehung zu ihrem Ex-Freund beendet. Jetzt wusste sie, dass er sie nie wirklich geliebt hatte, denn sonst hätte er auch ihren Sohn akzeptieren müssen. Sie hatte immer gehofft, dass er das irgendwann einmal tun würde, doch dazu war es nie gekommen. Stattdessen war die Situation immer weiter eskaliert, bis er eines Tages seine Sachen gepackt hatte und ausgezogen war. Er hatte ihr noch an den Kopf geschmissen, dass das unter einem Dach leben mit ihrem Sohn für seinen neuerdings zu hohen Blutdruck verantwortlich sei, und er seinetwegen auszöge. In Wahrheit hatte er längst eine Andere gehabt. Einer Ahnung folgend, hatte sie während seines Auszugs einmal heimlich in sein Handy gesehen und eine entsprechende SMS gefunden.

Inzwischen war sie froh, dass er fort war und ihr war auch klar geworden, dass sie sich nur auf ihn eingelassen hatte, weil sie sich nach der Scheidung so schrecklich einsam gefühlt hatte. Im Nachhinein bereute sie sogar die Beziehung zu ihm und es tat ihr leid, dass Max so viel darunter zu leiden gehabt hatte.

Ihr Sohn hatte sich in den letzten zwei Jahren schwer verändert, und wenn sie darüber nachdachte, musste sie zugeben, dass sich auch Vieles zum Positiven hin gewandelt hatte: Max hatte das Abitur bestanden, zwar mit einer vier, aber immerhin; dann war er seit knapp zwei Jahren mit Laura zusammen, einem wirklich netten Mädchen, wie sie fand; und er war nun ständig unterwegs und hatte viele Freunde. Trotzdem war da etwas, das ihr Angst machte.

Vor über einem Jahr war sie einmal früher von der Arbeit nach Hause gekommen und hatte in der Wohnung einen seltsamen Geruch festgestellt. Daraufhin hatte sie Max angesprochen und der hatte ohne Umschweife zugegeben, dass er gerade was geraucht habe. Sie hatte seine rot verquollenen Augen gesehen und war wie aus allen Wolken gefallen. Damit, dass ihr Sohn kiffte, hatte sie überhaupt nicht gerechnet.

»Bist du high?«, hatte sie verstört gefragt.

»Es war nur ein Kopf«, hatte Max geantwortet. Als ob sie wüsste, was er in diesem Zusammenhang mit einem Kopf meinte.

Ihr erstes Gefühl sagte ihr, ihn anschreien zu müssen und ihn zusammenzustauchen, aber dann schnaufte sie tief durch und kündigte ihm an, am nächsten Tag mit ihm reden zu wollen und er dafür Sorge tragen solle, dass er bei dem Gespräch nüchtern sei.

Das Gespräch, tags darauf, verlief dann alles andere als wünschenswert. Max hatte sie so gut wie noch nie belogen, das entsprach überhaupt nicht seinem Naturell, er war immer grundehrlich gewesen. Doch jetzt hatte sie das erste Mal das Gefühl, dass er ihr eine stark abgeschwächte Version der Wahrheit – seiner Wahrheit – auftischte und sie ihm jedes Wort einzeln aus der Nase ziehen musste. Nach und nach kam dann heraus, dass er schon mehr als ein Jahr lang kiffte. Auf die Frage, welche Drogen er bislang schon probiert habe, hörte sie neben Cannabis, die Namen verschiedener Räuchermischungen, wie Amnesia, Bad Monkey, Bonzai, Haze und andere, von denen sie noch nie etwas gehört hatte. Sie bohrte weiter und es fielen auch noch die Namen Magic Mushrooms und Ecstasy, was sie dazu veranlasste, laut zu werden. Auf ihre Forderung, dass er unverzüglich damit aufzuhören habe, sagte er glatt: Nein. In einem fast hysterischen Tonfall fügte er hinzu. »Mam, das verstehst du nicht, alle kiffen.« Genervt hatte er sich seine Jacke übergeworfen und gesagt, dass er jetzt Laura abholen müsse. Dann hatte er die Türe hinter sich ins Schloss knallen lassen und sie hatte ihn mit lauten Schritten die Treppe hinunterstürmen hören. An diesem Tag hatte sie das Gefühl, dass irgendetwas zwischen ihnen zerrissen war. So kannte sie ihren Max nicht.

Als sie ein paar Tage später noch einmal mit ihm darüber reden wollte, winkte er ab und sagte, dass er sich mit ihr auf keine weiteren Diskussionen mehr über das Thema einlassen wolle, da sie das niemals verstehen könne. Sie sei in einer zu bürgerlichen Welt aufgewachsen, in der man das Thema Drogen kategorisch ausgeklammert hielt. Es aber in der normalen Welt schon Drogen gab und diese seien auch nicht so schlimm, wie immer behauptet wurde. Im Gegenteil, bislang gäbe es keinen einzigen Haschischtoten zu verzeichnen, während man das von Alkohol nicht behaupten könne, weil daran die Leute reihenweise zugrunde gingen. Sie solle doch lieber froh darüber sein, dass er so gut wie keinen Alkohol tränke – das sei viel schlimmer als gelegentlich mal zu kiffen.

Schließlich hatte er sich wieder aus der Affäre gezogen, in dem er sagte, dass er mit Laura verabredet sei und nun los müsse. In dem Moment hätte sie laut losheulen können. Es war ihr wie Schuppen von den Augen gefallen. Max war ihr entglitten. Sie drang nicht mehr zu ihm durch. Er hörte zu, er antwortete, aber irgendwie war ihr Zugang zu ihm abhanden gekommen. Sie hätte genauso gut gegen eine Wand reden können. Irgendwie hatte er sich auf eine emotionale Art und Weise von ihr abgeschottet.

Einige Monate später hatte sie dann mitbekommen, dass Max und Laura Meinungsverschiedenheiten hatten. Sie hatte ein paar Wortfetzen eines Streits mitbekommen, sich aber nichts dabei gedacht.

Als sie jedoch ein paar Tage darauf gerade mit einem Stapel Wäsche in der Hand in Max' Zimmer wollte, blieb sie vor der Türe stehen – drinnen war ein Streitgespräch

im Gange. Da hörte sie Lauras verzweifelte Stimme: »Musst du denn immer bekifft sein, wenn wir zusammen sind?«
Ab da war ihr klar, dass Max ein Drogenproblem hatte – ob er es wahrhaben wollte oder nicht.
Das machte ihr jetzt richtig Sorgen. Schon in der kommenden Woche wollte Max mit in Pits WG ziehen und dann hatte sie überhaupt keinen Einfluss mehr auf ihn.

***

Laura führte mit Max seit knapp zwei Jahren eine Beziehung. Max war ihr erster fester Freund. Damals war sie nur mit zu Berni gegangen, weil sie gehört hatte, dass Max mitkam. Sie war schon eine ganze Zeit auf ihn gestanden, aber es war so schwierig an ihn ranzukommen. Sie hatte nicht gewusst, ob es sich nur um Schüchternheit handelte, oder ob er kein Interesse an ihr hatte. Von Max' Minderwertigkeitskomplexen wusste sie nichts – wie auch: er war groß, hatte eine richtig gute Figur, sah gut aus, und hatte eine nette zurückhaltende Art – das alles hatte ihr gefallen. Und sie hatte sich nicht getäuscht in ihm. Max war sehr zuvorkommend, oft wusste er schon was sie wollte, bevor es ihr selbst klar wurde. Wenn sie in eine überfüllte S-Bahn stiegen, stellte er sich so vor sie hin, dass sie genügend Platz hatte. Als ihnen einmal eine Horde betrunkener Fußballfans entgegenkam, hatte er sie unmerklich hinter sich geschoben – und das, obwohl Max körperlichen Auseinandersetzungen generell aus dem Weg ging. Er war alles andere als ein Schläger und trotzdem hatte er ihr Wohl über sein eigenes gestellt. Das fand sie absolut süß. Ein sanfter Bär, der sie beschützte.

Doch das waren noch lange nicht alle Vorzüge die Max hatte. Da gab es noch eine ganze Menge positiver Charaktereigenschaften: So war Max jemand auf den der Sinnspruch, stille Wasser sind tief, zutraf. Er hatte eine besondere Begabung, was das Texten von Rap-Songs und anderen Liedern anging. Schreibblockaden Fehlanzeige. Er setzte sich hin und zwei oder drei Minuten später hatte er einen fertigen Text. Das war unglaublich und das bewunderte sie an ihm. Auch wie er damit umging. Er formatierte die Texte, druckte sie aus, steckte sie wie rohe Eier in eine Klarsichtfolie und sortierte sie in seine Mappe ein. Die Mappe mit den Texten zeigte er niemandem. Nur Laura wusste von seinem Geheimnis. Er hielt seine Texte für nicht gut genug – das haute sie um – sie hatte noch nie bessere Texte von jemanden gelesen. Max Sachen hatten richtig Tiefgang und es war ihr ein unergründliches Rätsel aus welcher Quelle er seine Einsichten bezog.

Nur das mit dem Kiffen verstand sie nicht, oder überhaupt das mit den Drogen, denn Max nahm ja alles, was er in die Finger bekam. Eigentlich hatte sie sich nach der ersten Erfahrung mit Amnesia vorgenommen, keine Drogen mehr anzurühren. Aber nach und nach hatten alle um sie herum zu Kiffen begonnen. Inzwischen schätzte sie, dass weit mehr als fünfzig Prozent ihres Bekanntenkreises Kiffer waren. Im Grunde kifften alle interessanten Leute um sie herum. So hatte sie das ein oder andere Mal auch wieder einen Joint in den Fingern gehabt, meist auf Partys, aber Räuchermischungen hatte sie nie wieder angerührt. Und auf Berni war sie immer noch nicht gut zu sprechen. So expertenhaft wie er sich gab, hätte er wissen müssen, dass Amnesia keine Räuchermischung für Anfänger war. Da wäre ihr normales Gras viel lieber gewesen. Inzwischen sagte sie immer öfter Nein, wenn ihr ein Joint gereicht wurde – was bei Max nicht der Fall war. Mittlerweile war Max andauernd am Kiffen. Und das regte sie so auf, dass sie schon Albträume bekam. Vor Tagen war sie mitten in der Nacht aufgeschreckt. Sie hatte geträumt, dass sie beide bei ihren Eltern zum Essen eingeladen waren und Max plötzlich einen Joint hervorzog und anzündete. Und die Wahrheit war davon nicht einmal so weit entfernt. Natürlich kiffte er auch, wenn er bei ihr zu Besuch war, dann ging er nach einer Zeit auf den Balkon und rauchte heimlich einen Mini-Stick. Und wenn sie mit ihm darüber reden wollte, weil sie sich deswegen Sorgen machte, dass er andauernd kiffte, war er taub auf dem Ohr. Stattdessen glorifizierte er die Drogen, redete in einer Tour davon, und hing mit diesem Pit herum, der auch nur noch Drogen im Kopf hatte. Irgendwo hatten die beiden zuletzt Pep herbekommen, ein Amphetamin, und Max hatte sich zwei Tage lang Lines reingezogen – nicht während einer Party, sondern bei sich zu Hause und mitten unter der Woche – und dann hatte er einen Laberflash bekommen und geredet und geredet. Er hatte ihr sprichwörtlich ein Ohr abgeknabbert. Wie ein Wasserfall hatte er geredet, bis sie es nicht mehr ausgehalten hatte und heimgegangen war. Inzwischen konnte sie es fast nicht mehr ertragen, wenn er auf Drogen war.

* * *

Marie und Laura wissen nichts von den Vorgängen in Max' Oberstübchen. Für sie sind es die Drogen, welche ihn veranlassen, so zu handeln.
Von seinem nicht intakten Glückshaushalt haben sie keine Ahnung. Sie wissen nicht in welcher Gefahr er

schwebt, wie gefährlich dauerhafter Stress sein kann. Haben keine Ahnung, dass er fast seine ganze Kindheit hindurch permanent gestresst war, bis er diesen Stress irgendwann nicht mehr hatte kompensieren können, und so das Gestresstsein zu seinem Alltags-Zustand wurde. Dass ihm nahezu sämtliche Konzepte fehlten, sich irgendwie froh zu machen. Er sich stattdessen Stressvermeidungsstrategien angewöhnte, die zwar kurzfristige Erfolge erzielten, aber auf Dauer genau das Gegenteil bewirkten. Nichtlernen für die Schule, nicht rausgehen und sich mit Freunden treffen, keinerlei sportliche Aktivitäten zu betreiben – waren nichts anderes als solche Vermeidungsstrategien, die aber letztendlich für weiteren Stress sorgten, da er dann in der Schule nicht mehr mitkam, keine oder die falschen Freunde hatte, und beim Sport nicht mit den anderen mithalten konnte.

Hinzu kam, dass er, wie schon erwähnt, nie gelernt hatte seinen inneren Schweinehund zu überwinden und sobald sich eine Gewohnheit in seinem Handeln einstellte, er darin festhing wie ein Hamster im Hamsterrad.

Max hatte ja in seiner obersten Schublade, die für das Glück verantwortlich ist, nur ein paar unbrauchbare Konzepte für Glück liegen. Außer am Computer zu sitzen und Ego-Shooter Spiele zu spielen, wusste er nicht viel mit sich anzufangen. Auf seine Glückserlebnisse hatte er so gut wie keinen Einfluss – bis zu dem Zeitpunkt, als er mit Drogen in Kontakt kam. Der erste Drogenrausch hatte wie ein Blitz eingeschlagen, hatte Licht werden lassen in vollständiger Finsternis – ein Licht, das ihm unterbewusst einen Weg wies. Den Weg: Glück, Ausgeglichenheit und vor allem Zufriedenheit mit

Drogen zu erlangen. Für Max waren die Drogen wie eine Medizin. Eine Medizin, die es ihm möglich machte, sein inneres Gleichgewicht – die Balance zwischen Glück und Unglück – wieder herzustellen.

Stress

Stress hat tausende verschiedene Gesichter. Stress teilt sich in äußere und innere Faktoren.
Zu den Klassikern der äußerlichen Faktoren gehören: Gewalt, Missbrauch, Mobbing, Vernachlässigung, Überforderung, Überbehütung, Trennung, Krankheiten, Tod, und Armut.

Die inneren Faktoren:

- Probleme aufschieben, verdrängen.
- Ständiges Grübeln über Probleme.
- Ich muss es immer allen Recht machen.
(Angst vor Ablehnung)
- Stress durch festgefahrene, vom eigentlichen Ziel losgelöste Verhaltensgewohnheiten.
- Stetiges gedankliches Abrufen von Situationen vor denen man sich ängstigt.

Mit zu den inneren Faktoren zählen auch Stressvermeidungsstrategien, die sich irgendwann ins Negative kehren.

- Ich muss alles hundertprozentig machen – Angst vor Fehlern, Perfektionsstreben – daher unterlasse ich es lieber. (Angst vor Misserfolgen)

- Unsicherheiten, Komplexe, die soweit gehen, dass man sich zurückzieht. (extremer Perfektionsanspruch)
- Angst vor Konflikten. Konflikten aus dem Weg gehen und sich dadurch die Möglichkeit nehmen, die Situation zu bereinigen.
- Lernstress vermeiden – wobei Nichtlernen, zu Schulstress führt.

Die Formen von Stress sind so vielschichtig wie der Mensch selbst. Wobei es vollkommen egal bleibt, ob der Stress real erlebt wird, oder nur eingebildet ist, die Auswirkungen auf Körper und Geist sind dieselben.

*

Es ist nicht die High-Wirkung der Drogen, die Max in die Drogenabhängigkeit abrutschen lässt, es ist die stressreduzierende Wirkung der Drogen, die das Verhaltensmuster auslöst, immer wieder nach Drogen greifen zu wollen, beziehungsweise zu müssen, je länger die Abhängigkeit dauert.

*

Max' Erfahrungen mit Drogen waren jenseits von Worten. Auf der bewussten Ebene hatte er nur mitbekommen, dass ihm der Drogenrausch gefiel. Dass seine Welt, seitdem er Drogen nahm, viel bunter und interessanter geworden war; dass er auf einmal Freunde hatte, die ähnlich tickten wie er, mit denen es viel zu Lachen gab, und er sich hätte stundenlang über Gott und die Welt unterhalten können.

Nach und nach fügte sich das, was Max über Drogen gelesen hatte, mit dem was er von anderen darüber gehört hatte, und den eigenen Drogenerfahrungen, zu einem Gesamtbild. Jetzt fand er es mehr als absurd, dass die legalen Drogen – Alkohol und Tabak – erlaubt waren, obwohl bekannt war, dass diese mehr als neun Millionen Todesopfer jährlich forderten, während Cannabis, an dem bislang noch niemand gestorben war, zu den verbotenen Substanzen zählte. Auch dass in Südamerika so viele Menschen unfreiwillig ihr Leben in Drogenkriegen lassen mussten, fand Max ein Unding. Anstatt dass die Regierungen damit anfingen, schrittweise die Entkriminalisierung und Legalisierung voranzutreiben, um dem illegalen Handel und somit der Drogenmafia die Existenzgrundlage zu entziehen, machten sie mit ihren Verboten alles viel schlimmer.

Insgesamt witterte Max hinter dem Verbot eine Verschwörung der Geheimdienste und Mächtigen, die mit dem Drogengeld Kriege und Umstürze finanzierten, ohne dass die Öffentlichkeit je davon Wind bekam. Max hatte auch ein Buch des amerikanischen Historikers Alfred W. McCoy gelesen. McCoy deckte darin auf, wie die CIA im Laufe der Zeit immer wieder in den Drogenhandel verstrickt war und CIA-Partner Drogenlabors unterhalten hatten. So war in einem Kapitel zu lesen, dass die CIA während der 70er Jahre regelmäßig die Opiumernte aus Laos hatte ausfliegen lassen, um lokale Führer ihrer antikommunistischen Geheimarmee zu unterstützen, die das Opium dann zu Heroin weiterverarbeiteten und anschließend an die in Vietnam stationierten amerikanischen Soldaten verkauften – mit dem Erfolg, dass gegen Ende des Vietnamkrieges mehr als ein Viertel der heimkehrenden US-Soldaten hochgradig heroinabhängig waren.

Selbst in jüngster Vergangenheit gab es Widersprüchlichkeiten: Seit der US-geführten Intervention 2001 in Afghanistan, hatte sich die Opiumproduktion vervierzigfacht – wie Max in einem n-tv-Artikel gelesen hatte. Max hatte in den letzten zwei Jahren vieles gelesen, was mit dem Thema Drogen zusammenhing. Und inzwischen hatte er sich ein ziemliches Wissen angeeignet. Er bestritt nicht, dass es gefährliche Drogen gab – das waren für ihn hauptsächlich Heroin und Crack – Straßendrogen – die überwiegend von Angehörigen der sozialen Unterschicht konsumiert wurden, die aufgrund ihrer prekären sozialen Umstände schnell in eine Abhängigkeit rutschten. Diese Gefahr sah er für sich aber nicht. Er stammte aus keinem Problemviertel und er war auch nicht auf die Hauptschule gegangen, sondern aufs Gymnasium. Seine Eltern waren beide Akademiker, die Mutter Sozialpädagogin, der Vater Softwareingenieur – warum sollte er sich also diesbezüglich Sorgen machen. Er kiffte nur und sniefte gelegentlich eine Line Pep. Das war was anderes, als sich harte Drogen zu spritzen. Ihn nervte, wenn immer gleich alle in Panik verfielen, wenn jemand Drogen wie Haschisch, MDMA oder Speed konsumierte. Bei seiner Mutter konnte er die Angst vor Drogen noch nachvollziehen. Immerhin war sie seit Jahrzehnten der anhaltenden Propaganda gegen Drogen in den Medien ausgesetzt. Und jetzt passte es einfach nicht mehr in ihr Weltbild, dass Drogen auch gut sein konnten. Aber Lauras Angst vor Drogen konnte er nicht verstehen. Sie hatte doch selbst schon gekifft und musste daher wissen, dass das mit dem Kiffen schon okay war. Max sah in ihrer Angst vor den Drogen, dass sie sich unbewusst den Ansichten ihrer Eltern anglich. Seiner Meinung nach versuchte sie zu sehr, es ihnen recht zu machen, indem sie sich so verhielt, wie es von ihr erwartet wurde.

Dass die Menschen den Konsum von Drogen, beispielsweise das Kiffen und den Rauschzustand durch Cannabis, ganz verschieden erleben und das Rauscherlebnis vor allem damit zusammenhängt, wie das seelische Befinden zum Zeitpunkt des Drogenkonsums beschaffen ist, reflektierte Max an dieser Stelle nicht. In seiner Unwissenheit ging er einfach davon aus, dass alle das Kiffen als so toll empfanden wie er. Und von diesem Blickwinkel aus betrachtet, sah er auch nicht, dass es Laura, anders als ihm, gar nicht so gut gefiel ständig high zu sein und sie sich am wohlsten fühlte, wenn sie nüchtern und klar war.

Inzwischen war er nur noch genervt, wenn er ihre Reaktion mitbekam, sobald er sich einen Joint ansteckte. Er konnte ihren enttäuschten und bekümmerten Blick fast nicht mehr ertragen.

***

Zwei Jahre darauf hatte sich die Situation noch einmal grundlegend geändert. Zunächst war Max mit in Pits WG gezogen. Wenige Tage danach hatte er sich an der Hochschule für einen Bachelorstudiengang Soziale Arbeit eingeschrieben – das war die Bedingung der Eltern gewesen, damit sie ihm das Zimmer in der WG zahlten und er weiterhin das Kindergeld zur Verfügung hatte.

Er hatte sogar einige Vorlesungen besucht und Klausuren mitgeschrieben. Dann hatte eine Mitbewohnerin, Susann, ihren Geburtstag gefeiert. Auf der Party hatte Max deren Freundin, Gina, kennengelernt. Gina hatte teuflisch gut ausgesehen und sie hatte es offensichtlich darauf angelegt, ihn zu verführen. Jedenfalls hatte sie ihn mit Bier und Wein abgefüllt und irgendwann war er mit ihr schmusend in seinem Zimmer gelandet. Es war zwar nicht viel passiert, weil er auch viel zu betrunken und bekifft war, aber für Laura hatte es gereicht. Laura hatte es von ihrer besten Freundin erfahren, die zufällig auch Gast auf der Party war und am nächsten Tag die Beziehung beendet. Max hatte die Trauer auf seine Art verarbeitet und die Monate darauf Unmengen an Drogen konsumiert.

Max ging zwar noch zur Hochschule, aber irgendwie fehlte ihm die Motivation und jetzt hatte er niemanden mehr, wie Laura, die mit ihm zwei Jahre lang für das Abitur gebüffelt hatte. Stattdessen drohte ihm die Exmatrikulation, wegen wiederholt unzureichender Prüfungsergebnisse. In den Monaten darauf hatte sich die Lage verschlimmert, da war er genau zweimal in der Hochschule gewesen. Inzwischen kam er fast nie vor Mittag aus dem Bett – was auch kein Wunder war, da er selten vor sieben Uhr morgens nach Hause kam. Die Nächte verbrachte Max nun in angesagten Clubs beim Feiern. Dementsprechend hatte sich auch sein Drogenkonsum gewandelt. Er kiffte zwar jetzt weniger, dafür nahm er aber nun hauptsächlich Partydrogen, wie Ecstasy, Speed, LSD und ab und zu Magic Mushrooms. Mittlerweile hatte er eine ganze Menge neuer Leute kennengelernt und jetzt dealte er auch. Irgendwann hatte er einfach die besseren Beziehungen gehabt und Pit hatte gefragt, ob er ihm was besorgen könnte. Da hatte er ihm hundert Gramm Gras aufgestellt. Pit arbeitete nun beim Film. Er hatte sich nie richtig für ein Studium interessiert, sondern gleich nach dem Abitur bei einer Filmproduktion für Werbespots angefangen. Ein Freund, der Beleuchter war, hatte ihm einen Job als Kabelträger vermittelt.

Inzwischen war er zum gefragten Kameraassistenten aufgestiegen, reiste viel in Europa herum und war ständig auf Drogen, weil sie beim Film – insbesondere bei seiner Produktion – fast alle ein Drogenproblem hatten. Doch während Pit blendend aussah, weil er in seinem Job gefordert war, mit interessanten Kollegen zu tun hatte und viel Sonne abbekam, wirkte Max blass. Man sah ihm das ungesunde Leben schon von Weitem an. Und zwar so, dass sich sogar schon Pit Sorgen machte. Jetzt ging Max nachdem Feiern im Club auch auf After-Hour-Partys, wo er mit Leuten herumhing, die selbst Pit als uncool empfand, die sich auch andere Sachen einpfiffen, wie Crystal Meth, Mephedron und MDPV. Und zum Runterkommen legten sie dann noch eins drauf, dann nahmen sie: Diazepam Valium, Tavor, Bromazepam, Rohypnol, Faustan und Dormicum, aber auch Schlimmeres, wie beispielsweise Tramal, Codein, Subutex und sogar Methadon. Das waren Typen die nicht einmal davor Halt machten, sich eine Spritze zu setzen, wenn sie den ultimativen Kick haben wollten. Als Pit mit Max vor Wochen einmal in einem Club beim Feiern war, hatte Max gefragt, ob er zur After-Hour mit zur Drückerkolonne kommen wolle – da hatte Pit gewusst, in welchen Kreisen sich Max sonst noch so bewegte.
Pit war nach Hause gefahren, während Max mit zu seinen abgestürzten Freunden fuhr. Doch das war nicht alles, was Pit an Max für Veränderungen feststellte. Eines Nachmittags war Pit in die Gemeinschaftsküche der WG gegangen, um sich einen Espresso aus der Kaffeemaschine zu lassen. Da sah er Max vor der Spüle stehen, wie er sich aus einem Tablettenstreifen mehrere Tabletten rausdrückte und mit einem Glas Wasser runterkippte.

Pit hatte gefragt, was das für Tabletten seien und Max hatte geantwortet: »Nur ein paar Diaz«. Pit hatte den Ausdruck noch nie gehört und ihn gegoogelt. Diaz war der Szenename für Diazepam, ein Beruhigungsmittel mit hohem Suchtpotential. Max hatte die Tabletten einfach so mitten am Nachmittag eingeworfen.

Doch was Pit wirklich stresste, war, dass Max mit diesen Typen aus der Drückerkolonne irgendwelche Geschäfte machte, und dass sie deswegen letzte Woche eine Hausdurchsuchung gehabt hatten. Irgendeiner von denen hatte Max mit einer Aussage bei der Polizei belastet. Um was es genau ging, wusste Max selbst nicht, wie er versicherte. Er hätte nur mal einem Typen von dort ein paar Gramm Koks vermittelt. Auf alle Fälle war die Polizei um sechs Uhr morgens mit fünf Mann vor der Wohnungstüre gestanden und hatte, zur Freude der noch schlafenden Nachbarn, Sturm geklingelt. Als Susann die Tür öffnete, hatten sie ihr den Durchsuchungsbeschluss wegen Verstoßes gegen das Betäubungsmittelgesetz vor die Nase gehalten, sie beiseite geschoben und waren in die Wohnung gedrängt. Die Nachbarn, inklusive Frau Meissner, das größte Tratschweib im Haus, waren von dem Krach natürlich wach geworden und hatten alles mitbekommen. Während der Durchsuchung hatten sie dann nicht nur Max-, sondern alle Zimmer durchsucht und die Gemeinschaftsküche auch noch. Als sie gegangen waren hatte es in der Wohnung wie auf einem Schlachtfeld ausgesehen. In Susanns Zimmer hatten sie die Schränke ausgeräumt und Bücher und Wäsche einfach so auf den Boden geworfen. In den anderen Zimmern hatten sie dasselbe getan. In der Küche lagen die Lebensmittel am Boden verstreut und in Max Zimmer hatten sie sogar den Teppich rausgerissen. Susann bestand nun darauf, dass Max auszog. Auch weil sie bei ihr den einzigen Drogenfund in der Wohnung gemacht hatten – ein kleines Rauchpiece Haschisch – weswegen ihr nun eine Strafanzeige drohte. Sie sagte, dass sie nicht dauernd die Bullen im Haus haben wolle. Max sagte, dass er gar nicht wisse, was die von ihm wollten. Nach der Hausdurchsuchung hatten sie Max zur Vernehmung mit aufs Revier genommen, ihn aber am Nachmittag wieder laufen lassen. Was ihm genau zur Last gelegt wurde, könne er dann der Anklage entnehmen, sobald die Ermittlungen abgeschlossen seien, hatten sie zu ihm gesagt.

***

Wieder zwei Jahre später fiel das Kind dann endgültig in den Brunnen. Max ist *drauf*, wie man so schön sagt. Als die Anklage per Einschreiben zugestellt wurde, hatte Max doch Panik bekommen. Die von Max erwähnte *Vermittlung* hatten sie ihm als Handeltreiben mit Betäubungsmitteln in nicht geringer Menge (§§ 29 Abs. 1 Nr. 1, 29a Abs. 1 Nr. 2, 30 Abs. 1 Nr. 1, 30a BtmG) ausgelegt. In der Anklage war von 100 Gramm Kokain die Rede.

Weil Max das Päckchen mit dem Koks kurz in den Händen gehalten hatte und eine Vermittlungsprovision empfing, war er als Dealer angeklagt.

Weil bei der Hausdurchsuchung noch ein Rambo-Messer in seinem Zimmer gefunden wurde, das Max zum zerschneiden der Haschischplatten verwendet hatte, kam noch Bewaffnetes Handeltreiben in nicht geringer Menge § 30a BtMG (Mindeststrafe von 5 Jahren) dazu.

In seiner Not fuhr Max zu seiner Mutter und schenkte ihr reinen Wein ein. Dabei spielte er natürlich in seiner Version der Geschichte den ihm zur Last gelegten Deal so weit es ging herunter, wie auch seinen Drogenkonsum, den sie genauestens hinterfragte. Nach einem anfänglichen Schock, hatte sie auch die positive Seite gesehen. Sie hoffte, dass Max jetzt endlich genug von den Drogen hatte, was dieser auch glaubhaft beteuerte und sein Leben wieder in den Griff bekam. Dann hatte sich Marie bereiterklärt, den Vater anzurufen und sie hatten sich zu einem Dreiergespräch in einem Café verabredet. Nach mehr als zehn Jahren war es das erste Mal, dass sich die Eltern Auge in Auge gegenüber saßen. Das Gespräch war dann insgesamt – trotz einiger Sticheleien, die beide nicht unterlassen konnten – zumindest so verlaufen, dass sie sich darin einig wurden, dass Max einen Anwalt brauchte und sie übereinkamen, die Kosten dafür übernehmen zu wollen.

Den Anwalt fanden sie dann über einen Kollegen des Vaters, dessen Sohn schon mehrmals wegen Drogendelikten vor Gericht gestanden hatte und der einen gewieften Fachanwalt in Sachen Betäubungsmittelstrafrecht wusste.

Dieser Anwalt machte Max dann klar, dass es sich bei der Anklage um kein Bagatelldelikt handele und die Sache wirklich ernst zu nehmen sei. Er zeigte sich sogar verwundert, dass sich Max noch auf freiem Fuß befand, was er darauf zurückführte, dass der Staatsanwalt versäumt hatte, Untersuchungshaft zu beantragen, was bei der Schwere der Anschuldigung eigentlich üblich war.

Dann unterbreitete der Anwalt Max seinen Plan. Max solle unverzüglich zur Drogenberatung gehen – wobei er ihm gleich einen Flyer mit verschiedenen Adressen in die Hand drückte, von denen er eine mit dem Kugelschreiber umkringelte. Mit dem Drogenberater – er empfahl ihm, einen Termin mit einem Herrn Klar zu vereinbaren –

solle er einen Antrag für eine 4-monatige stationäre Kurzeittherapie stellen. Auch hier wusste er einige Adressen. Falls Max es schaffen würde, bis zu Gerichtsverhandlung stationär in einer Therapieeinrichtung zu sein, stünden die Chancen für eine Bewährungsstrafe gar nicht mal so schlecht. Ansonsten drohte der Knast.

Wenig später war der Plan des Anwalts dann aufgegangen. Max hatte eine Strafe von 2 Jahren erhalten, die mit der Auflage zur Therapie, auf Bewährung ausgesetzt wurde. Die Zeit während der Therapie hatte Max als äußerst positiv empfunden. In der Therapie hatten sie Wert auf einen strukturierten Tagesablauf gelegt. Um 6 Uhr morgens wurde man geweckt. Um 7 Uhr gab es Frühstück. Dann ging es zur Arbeit in einem der Therapie zugehörigen Betriebe, wie beispielsweise in der Schreinerei oder der Gärtnerei, die Max gewählt hatte. Es machte ihm Spaß an der frischen Luft zu arbeiten und unter den anderen Patienten hatte er schnell ein paar Freunde gefunden. Genauso wie er waren fast alle Therapie-Insassen aufgrund von Gerichtsauflagen da. Es gab nur einen Einzigen, einen Altjunkie, der freiwillig auf Therapie gegangen war. Trotz der unfreiwilligen Gründe, hatte sich auch Max vorgenommen, sein weiteres Leben drogenfrei zu verbringen und im Rahmen der Therapie gelang ihm das soweit ganz gut.

Auch in der ersten Zeit nach der Therapie hatte es in Max' Leben noch äußerst positiv ausgesehen. Der Vater hatte ihm ein billiges Apartment vermittelt und sich gemeinsam mit der Mutter bereit erklärt, erst einmal für die Miete aufzukommen. Max hatte sich in der Fachholschule gemeldet und nach einem längeren

Gespräch in der Verwaltung, wo er angab physische Probleme gehabt zu haben, war er wieder immatrikuliert worden. Doch die anfängliche Euphorie mit der er nach der Therapie sein Leben wieder in den Griff bekommen wollte, hatte keine zwei Monate angehalten. Der Alltag hatte ihn eingeholt und er war in seinen alten Trott verfallen – zumindest was die Motivation für die Fachhochschule anging. Zum einen schaffte er es fast nie, um 8 Uhr im Hörsaal zu sein, dann konnte er sich selten länger als 20 Minuten konzentrieren, und aufgrund seiner Sozialphobie, die nun wieder verstärkt auftrat, setzte er sich im Hörsaal ganz nach hinten, dass er kaum mehr mitbekam, was der Professor vorne redete. Wenn der Dozent dann noch leise oder lustlos sprach, driftete er mit seinen Gedanken noch schneller ab. Ein weiteres Problem war, dass Max nicht gleichzeitig zuhören und schreiben konnte, sodass selbst spannende Vorträge für ihn zur Qual wurden und er, sobald er mitzuschreiben versuchte, den Faden verlor. Je mehr er in Stress geriet, desto öfter kreisten seine Gedanken um Drogen. Dieses an-Drogen-denken geschah völlig unbewusst. Immer wieder ertappte er sich dabei, dass sich seine Gedanken schon eine längere Zeit um Drogen drehten. Eigentlich wollte er nicht, denn er hatte zwei Jahre Bewährung offen und mitnichten wollte er im Gefängnis landen. Aber verhindern ließen sich diese Gedanken auch nicht. Wie Blitzlichter tauchten sie in seinem Gehirn auf und zeigten ihm einen Weg, in Form von Bildern:

In Gedanken sah er sich beim Zählen des Inhalts seines Geldbeutels – es würde reichen. Im Handy sah er sich seine Kontakte durchgehen. Die Nummer von Pit war abgespeichert, ihm konnte er vertrauen, der würde ihn ganz bestimmt nicht bei der Polizei hinhängen. Ach ja, da war auch die Nummer von Alex, einem Typen, den er in der Therapie kennengelernt hatte, der war ebenso vertrauenswürdig. Und Alex war bestimmt schon wieder am Drogen nehmen. Das war so jemand, der *ohne* einfach nicht zurechtkam, aber charakterlich ganz okay war. Die beiden würde er anrufen können, ohne das Risiko einzugehen, verpfiffen zu werden. Er brauchte nur zu sagen, »Hey wie geht's«, und der Rest würde sich ganz von selbst ergeben – nur ein einziges Mal, da war noch lange nichts kaputt.

*

Als Max wieder einmal viel zu spät zur Hochschule unterwegs war und gerade am Hauptbahnhof ankam, wo er von der U-Bahn in die S-Bahn wechseln musste, suchte er auf dem Weg dorthin eine Bäckerei auf, da sah er Alex an der Straße stehen.

»Hey, was machst denn du hier?«, begrüßte er ihn verblüfft.

Alex machte einen restlos verdatterten Eindruck. Er schien genauso perplex zu sein wie Max und hinterließ obendrein den Eindruck, dass ihm das Zusammentreffen nicht gerade gelegen kam.

»I-ich wollt nur mal hersehen?«, stotterte er.

Max brauchte keine Sekunde, um die Situation zu überreißen. Alex war wegen Drogen hier. Und jetzt fiel ihm auch ein, dass die Gegend rund um den Hauptbahnhof als Drogenszene galt. Der Puls schoss ihm hoch und schneller als er denken konnte, fragte er schon: »Hast du was?« Alex sah ihn mit einem prüfenden Blick an. Seine Züge gewannen wieder an Selbstsicherheit.

»Vielleicht nicht das, was du suchst?«, antwortete er zögerlich. In Max stellte sich ein Hoffnungsschimmer ein.

»Was denn?«
Alex blickte sich kurz um, ob jemand in der Nähe stand.
»Subutex«, flüsterte er.

*

Alex war nach der Therapie wieder ins Ersatzdrogen Programm gegangen. Seine drogenfreie Zeit nach der Therapieentlassung hatte keine zwei Tage gedauert, dann war ein alter Freund mit Heroin bei ihm aufgetaucht. Weitere drei Tage später hatte er sein ganzes Geld für Heroin ausgegeben und in der linken Armbeuge zahlreiche Einstiche. Um dem Beschaffungsstress zu entgehen und nicht wieder mit dem Gesetz in Konflikt zu geraten, hatte er sich von seinem alten Arzt erneut ins Ersatzdrogen Programm mit aufnehmen lassen.
Weil er schon vor der Therapie die Take-Home-Regelung hatte, war der Arzt bereit, ihm das BtM-Rezept mitzugeben. Der Arzt verordnete darauf eine Menge von 6 mg Subutex, ein Opioid (Burbrenorphin), täglich für die Dauer von 7 Tagen. Die tägliche Dosis von Alex betrug aber nur 4 mg, sodass ihm jede Woche 7 Tabletten a 2 mg übrigblieben, die er nun in der Drogenszene weiterverkaufte.

*

»Habe ich noch nie genommen«, sagte Max. »Wie wirkt es und wie viel brauch ich denn da? Ist es teuer?«
Alex überlegte, wie er die Wirkung von Subutex am besten beschreiben konnte.
»Es chillt ziemlich, aber auf alle Fälle anders wie beim Kiffen, zwar irgendwo ähnlich, doch viel, viel stärker.«

»Und wie viel brauche ich davon?«

»Ich schätze 2 mg sollten vollkommen ausreichen. Wenn du noch nie etwas Derartiges genommen hast, knallt dich das voll übel weg. 'N Kollege war letztes Mal bestimmt gute 12 Stunden voll ends druff.«

»Was sollen 2 mg kosten?«

»10€.«

»Ne andere Frage: Was hast'n heute noch vor?«

»Ich wollt' dann in die FH fahren.«

Alex schüttelte grinsend den Kopf.

»Wenn du das Zeug nimmst, wird es mit der FH nichts werden«, sagte er.

»Ist auch kein Problem«, lächelte Max, »Bock habe ich sowieso keinen.«

»Wenn du willst, kannst' später mit zu mir. Dann könnte ich ein bisschen auf dich aufpassen, solange du drauf bist.«

Max grinste.

»Okay gib her!«

»Nicht hier, vor den Überwachungskameras!«, sagte Alex. »Dort vorne ist gleich der Alte Botanische Garten!«

Max folgte Alex über die Straßenbahngleise und sie bogen in die Luisenstraße. Als sie die Grünanlage erreichten, kramte Alex einen silbernen Tablettenstreifen aus seiner Hose und drückte eine winzig kleine weiße Tablette heraus.

»Du musst sie unter die Zunge legen und warten, bis sie sich auflöst. Den Speichel darfst du auf keinen Fall runterschlucken, sonst verliert sie an Wirkung und es kann sein, dass du fast nichts merkst.«

Max nahm die Tablette in die Hand. Alex hielt ihn am Ärmel fest.

»Ach ja, wenn du das Zeug öfter nimmst, macht es abhängig!«

»Habe ich nicht vor«, sagte Max und schob sich die Tablette unter die Zunge.

Als eine halbe Stunde später die Wirkung einsetzte, empfand sie Max noch einmal besser als alles, was er bisher genommen hatte: Ihm war, als ob er auf einer angenehm warmen Wolke aus Watte schweben würde. Und sobald er sich irgendwo setzte, flutete das Subutex immer wieder von Neuem an. Auf Alexs Couch zog es ihm dann richtig die Beine weg: Ein warmes Gefühl durchströmte ihn von der Körpermitte, sanft in alle Glieder, bis in die Fingerspitzen und zu den Fußsohlen hin – eine Zufriedenheit stellte sich ein, die er nur als Kind kannte. Gestern, heute und morgen verschwanden und wurden zu Einem.

Alex rüttelte ihn an der Schulter. Max hob wie in Zeitlupe seinen Kopf und sah ihm mit zu zwei Dritteln geöffneten Augen entgegen.

»Dich bretterts ganz schön krass weg, ist alles okay?«, fragte Alex.

»Boahh! Bin ich dicht!«, stöhnte Max.

*

Die nächsten Wochen traf sich Max immer öfter mit Alex, um sich von ihm Subutex zu kaufen. Alex ließ sich sogar von seinem Arzt von 6 mg auf 8 mg hochdosieren, nicht nur weil er jetzt einen festen Abnehmer hatte, sondern auch, weil er sich inzwischen selbst hochdosiert hatte. Als Max eines Tages wieder vor Alexs Türe stand und über Unwohlsein und ein Ziehen in den Beinen klagte, sagte Alex: »Du hast eindeutig 'nen Affen!« Alex überlegte kurz, er brauchte inzwischen selbst jeden Tag 8 mg Subutex und konnte auf keinen Fall etwas abgeben.

»Ich könnte dich mit zu meinem Arzt nehmen«, sagte er zögernd, »wäre ne Art Freundschaftsdienst.«

*

Dr. A. begutachtete Max eine ganze Zeit und hatte allerhand Fragen zu dessen Drogenkonsum. Er war sich unsicher. Am Ende stellte er Max für den Anfang auf 2 mg Subutex ein. Max sollte nun täglich in der Praxis erscheinen. Der Arzt wollte beobachten, wie die Behandlung bei ihm ansprach.

Als er am nächsten Tag von der Sprechstundenhilfe ins Arztzimmer gelassen wurde, klagte Max, dass die Dosis zu niedrig sei, und ließ sich von 2 auf 4 mg raufdosieren.

*

Seit Max aus der Therapie entlassen worden war, hatte sich Marie mit ihm wenigstens einmal die Woche in der Stadt oder in einem Café verabredet. Sie hatte sich vorgenommen, ihn besser im Auge zu behalten. So ganz traute sie nämlich seinem neuen Lebenswandel noch nicht. Doch diesmal fiel ihr auf, dass Max so einen schläfrigen Blick hatte. Er wirkte auch blasser als sonst und die Mundwinkel wirkten seltsam nach unten hängend. Als sie ihn einmal für ein paar Minuten alleine ließ, um zur Toilette zu gehen, schien er, nachdem sie wieder zurückgekehrt war, weggedöst zu sein und schrak hoch, als sie sich an den Tisch setzte. Auf ihre Frage, ob er Drogen genommen habe, erwiderte er genervt, dass er nur müde sei.

Zwei Tage darauf entdeckte sie beim Aufräumen ihres Autos, zwischen Beifahrersitz und Mittelkonsole, einen leeren Tablettenstreifen. Sie strich an der Rückseite die Alufolie glatt und konnte dann den Namen Subutex entziffern. Marie überlegte, wie er in ihrem Auto gelandet sein konnte. Da fiel ihr ein, dass sie Max nach dem Treffen zu dessen Wohnung gebracht hatte. Der Tablettenstreifen musste ihm aus der Tasche gerutscht sein. Eine düstere Ahnung drängte sich ihr auf. Max waren in dem Café immer wieder die Augen zugefallen. Ob es an den Tabletten gelegen hatte? Zuhause googelte sie das Medikament Subutex, wodurch sie fast einen Nervenzusammenbruch erlitt.
Zwei Stunden später stand sie in Max' Appartement. Zunächst gab Max ein paar ausweichende Antworten, als aber Marie einige Computerausdrucke über die Substitutionsbehandlung von Drogenabhängigen mit dem Medikament Subutex auf den Tisch knallte, die sie aus dem Internet hatte, ließ sich Max seufzend auf die Bettkante fallen. Er gestand mit gesenktem Blick, dass er nach der Therapie wieder einen Rückfall gehabt habe. Um von den Drogen loszukommen, sei er dann zu Dr. A. ins Ersatzdrogenprogramm gegangen, der ihn nun langsam runterdosieren wolle, bis er wieder drogenfrei war.
Marie blieb nichts anderes übrig, als der Wahrheit ins Auge zu blicken. Sie begrüßte sogar die Entscheidung ihres Sohnes, sich in ärztliche Obhut zu begeben. Dass sich ihr Sohn aber erst am Anfang einer Suchtkarriere, mit ungewissem Ausgang, befand, konnte sie nicht sehen. Stattdessen hegte sie eine gewisse Arzt- und Mediengläubigkeit. Ihre Welt folgte einer allzu bürgerlichen Sichtweise: Drogen waren böse. Wer Drogen nahm, wurde süchtig. Und wer süchtig geworden war, den

heilten die Ärzte. Somit glaubte sie, dass alles den richtigen Weg ginge, solange Max nur brav die Anweisungen des Arztes befolgte.

Der Arzt hingegen hegte gar nicht die Hoffnung Max runterdosieren zu können, die meisten seiner Patienten wollten immer mehr und mehr. Für ihn war das Substitutionsprogramm mit Subutex einfach die bessere Alternative gegenüber den illegalen Drogen, mit all den negativen Folgen wie der Beschaffungskriminalität und den im Drogenmilieu grassierenden Krankheiten wie HIV und Hepatitis, die sich die Betroffenen durch verunreinigte Spritzen zuzogen. Dass ein Teil seiner Patienten einen erheblichen Beikonsum aufwies, vornehmlich mit Alkohol und Benzodiazepinen, nahm er billigend in Kauf. Das lag eindeutig an der nur schwach sedierenden Wirkung der Substitutionsmittel im Vergleich zu Heroin. Wobei Subutex in dieser Hinsicht gegenüber den anderen Substitutionsmitteln wie Methadon oder Polamidon das Schlusslicht bildete. Anders ausgedrückt: Die Patienten waren nicht high genug. Es flashte sie zu wenig. Irgendwie fehlte der Kick. Nur die ersten Tage, während der Eingewöhnung, empfanden sie die Wirkung von Subutex als ausreichend, dann flachte der Turn ab, bis sie fast gar nichts mehr merkten.
Trotzdem war für ihn Subutex (Buprenorphin) aufgrund seines besseren Sicherheitsprofils das Mittel der ersten Wahl. Buprenorphin war relativ sicher. Es bewirkte selbst bei einer Dosissteigerung kaum das Risiko einer Atemdepression, was sich bei Methadon oder vergleichbaren Opiaten ganz anders verhielt. So gesehen stand ein Substitutionsarzt immer mit einem Fuß im Gefängnis. Und Dr. A. wusste von einigen Kollegen, die

Ärger mit dem Gesetz bekommen hatten. Derartige Horrormeldungen waren regelmäßig in den Zeitungen zu lesen. Besonders war ihm hier das Schicksal von Dr. Hannes Kapuste vor Augen, einem Vorreiter in Sachen der Drogensubstitution. Hannes Kapuste landete nicht nur für den Zeitraum von elf Monaten in Untersuchungshaft, sondern die Regierung von Oberbayern entzog ihm auch noch die Approbation als Arzt auf Lebenszeit. Und es hatte weitere Fälle gegeben. Jüngst war ein Arzt zu 8 Jahren Haft verurteilt worden, weil zwei seiner Patienten durch eine Überdosis Fentanyl-Pflaster umgekommen waren. Das BGH kippte zwar das Urteil, da es den Patienten auch eine Eigenverantwortung zuschrieb und der Arzt nicht wissen konnte, dass sie das Pflaster auskochen, sich injizieren, und somit missbräuchlich verwendeten. Es musste jedoch neu verhandelt werden und ein Freispruch lag nicht in Sicht.

*

Die Ausgabezeit war werktags von 8.00 bis 8.30 Uhr, und an Samstagen, Sonn- und Feiertagen von 9.30 bis 10.45.
Da Max mit seiner Zeit sonst nicht viel anzufangen wusste, hatte er sich angewöhnt mit einigen aus dem Programm nach der Ausgabe mit zum Hauptbahnhof zu fahren. Der Bahnhof lag auf dem Weg und meist traf er dort auch Alex. Außerdem sollten sich die Patienten von Dr. A., nach der Medikamentenausgabe, nicht vor der Arztpraxis herumtreiben, da es mit Anwohnern immer wieder Ärger gab.

Als Max eines Tages den Arzt zum dritten Mal um eine Dosiserhöhung bat – inzwischen war er bei 6 mg täglich angelangt – bekam er eine Abfuhr. Dr. A.

erwiderte genervt, dass die Dosis von 6 mg reichen müsse.

»Hey Max«, begrüßte ihn Alex, als er mit einigen anderen aus der Praxis am Hauptbahnhof eintraf.

»Warte schnell, ich hole uns was zu trinken.« Alex ging in den Kiosk und kam mit zwei Flaschen Bier wieder heraus. Dann standen sie an der Straße, unterhielten sich und tranken Bier. Max trank inzwischen 6 bis 8 Flaschen Bier täglich. Mit Alk flashte das Subutex stärker. Langsam, ohne dass er es mitbekam, schlich sich, neben der Abhängigkeit von Subutex, noch eine Alkoholabhängigkeit bei ihm ein.

Die Mechanik der Sucht

Noch einmal zwei Jahre später – nach endlosen Diskussionen mit ihrem Sohn – einem nächtlichen Anruf aus dem Krankenhaus, in das man ihren Sohn wegen einer Überdosis eingeliefert hatte, die er zum Glück ohne Schaden überstand – einem Anruf aus dem Polizeigewahrsam, wo sie Max anflehte, ein Bußgeld wegen Schwarzfahrens zu begleichen, da er sonst im Gefängnis landen würde – musste Marie einsehen, dass es mit der Drogenfreiheit ihres Sohnes so schnell nichts werden würde. Stattdessen wurde ihr klar, dass alles Reden der vergangenen Jahre nichts geholfen hatte. Im Gegenteil, je mehr sie auf ihn eingeredet hatte, umso mehr hatte er sich zurückgezogen.

Max' Vater hatte sich zwischenzeitlich auf seine Art aus der Affäre gezogen. Er hatte seinem Sohn gesagt, dass er gerne bereit sei, ihm eine Chance geben, aber nicht seine Sucht zu finanzieren. Daraufhin hatte er die

Zahlungen für das Appartement eingestellt und Max erklärt, dass er sich erst wieder zu melden brauche, wenn er dauerhaft nüchtern sei.

Marie brachte es damit in Zusammenhang, dass Max' Erzeuger, wie sie ihren Ex-Ehepartner seit der Scheidung zu nennen pflegte, zum dritten Mal geheiratet hatte. Diesmal eine fünfzehn Jahre jüngere Frau. Kaum waren sie ein Paar, war sie schon schwanger von ihm. Und jetzt hatte Max ein Halbschwesterchen, das er noch nie gesehen hatte. Wahrscheinlich wollte sich Max' Erzeuger lieber um den neuen Nachwuchs kümmern, anstatt sich mit seinem erwachsenen, drogenabhängigen Sohn auseinanderzusetzen.

Marie hatte die Miete für Max' Wohnung nicht alleine bewerkstelligen können und so hatte sie ihn mit auf die Ämter begleitet, wo Max nun als Drogenabhängiger gelistet war und Arbeitslosengeld II bezog.

Inzwischen konnte Marie bei Max auch eine Wesensveränderung feststellen. Seine Körperhaltung hatte sich geändert. Jetzt ließ er immer leicht die Schultern hängen und sein Gehen war auch nicht mehr dasselbe, er schlurfte zwar nicht, aber irgendwie fehlte die Körperspannung bei seinem Gang. Dazu wirkte er ruhelos und unkonzentriert. Und sobald er nur den leisesten Hauch einer Kritik erahnte, hatte er gleich einen aggressiven Ton.

Was sie nicht wusste, dass ihn bereits jeden Morgen nach dem Aufwachen ein Zittern befiel, das er nach einem, manchmal auch erst nach zwei Bier wieder in den Griff bekam.

Marie hatte die veränderte Sachlage wohl oder übel so hingenommen. Verstehen konnte sie Max' Sucht nicht. Er brauchte doch nur aufzuhören, dachte sie und warum er das nicht tat, blieb ihr ein Rätsel.

*

Verzweifelt überlegte Marie, was sie tun konnte und kam zu dem Entschluss, dass sie fachkundige Hilfe brauchte. Sie suchte die Adresse einer nahen Drogenberatungsstelle heraus und rief sogleich an. Nachdem sie ihr Anliegen vorgetragen hatte, wurde sie zu einer Frau durchgestellt, die mit ihr einen Termin vereinbarte.
Als sie dann zwei Tage später endlich der Suchtberaterin gegenüber saß, einer taff wirkenden Blondine, die sie auf Mitte bis Ende fünfzig schätzte, schilderte Marie in einer kurzen Darstellung die Geschichte von Max – wann sie das erste Mal gemerkt hatte, dass er Drogen nahm und wie er dann nach und nach immer weiter hineingeraten war.
Am Ende fragte Marie, was sie denn machen könne, damit Max wieder aufhöre. Die Beraterin sah sie mit mitleidiger Miene an und schüttelte langsam den Kopf.
»Da können Sie im Grunde nicht viel tun«, sagte sie bedauernd, »außer Max dazu zu bewegen, sich hierher oder an eine andere Drogenberatungsstelle zu wenden.« Dann reichte sie Marie einen Prospekt des Selbsthilfezentrums und empfahl ihr eine Selbsthilfegruppe betroffener Eltern aufzusuchen, die zweimal im Monat, drei U-Bahnstationen entfernt, im Selbsthilfezentrum ein Meeting abhielt. Dort sollten die Eltern süchtiger Kinder lernen mit Scham und Schuldgefühlen zurechtzukommen, mit denen diese oft zu kämpfen hätten. Marie fühlte sich missverstanden.
»Eigentlich bin ich in der Hoffnung hergekommen, hilfreiche Tipps zu erhalten, wie Max wieder clean werden kann«, sagte sie enttäuscht und mit einem Anflug von Verzweiflung in der Stimme. Wieder schüttelte die Beraterin den Kopf, während ihr Blick an Ernsthaftigkeit

zulegte. »Sie sollten versuchen umzudenken«, empfahl sie. Dann erklärte sie weiter, dass Drogensucht durchweg eine ernstzunehmende, langwierige und schwere Erkrankung sei. Und es von Seiten der Eltern kontraproduktiv wäre, auf die Drogenfreiheit des Kindes hinzudrängen. Es würde sogar mehr helfen, wenn sie Max fallen ließe.

»Das könnte ich niemals tun«, warf Marie ein. Das Wort »langwierig« hatte sie ebenfalls aufmerken lassen.

»Langwierig?«, wiederholte sie, »gibt es denn Statistiken, wie lange so eine Sucht in der Regel dauert, bis eine entsprechende Person aufhört?«

»Meines Wissens nicht«, sagte die Suchtberaterin achselzuckend. »Dafür ist das Thema wohl zu komplex. Von einer aussagekräftigen Statistik hätten wir hier vermutlich etwas mitbekommen.« Dann zog sie die Augenbrauen hoch, so als ob ihr doch noch etwas eingefallen sei. Sie erzählte, dass unter den Suchtberatern der ersten Stunde, von denen sie noch die Gelegenheit hatte, einige kennenzulernen, die mit einem Klientel à la Christiane F. zu tun hatten – den Heroinabhängigen der späten 70er und frühen 80er Jahre –, dass eben unter jenen Beratern, hinter vorgehaltener Hand, die magische Zahl von 15 Jahren gehandelt wurde. Magisch deshalb, weil das Herauswachsen aus der Sucht niemand genau erklären konnte. Aber ein Teil der Süchtigen von damals, habe einfach von sich aus nach rund 15 Jahren aufgehört Drogen zu nehmen und zwar egal, ob sie zwischenzeitlich Therapieeinrichtungen besucht hatten oder nicht. Die anderen blieben weiter abhängig, dann meist bis zum bitteren Ende.

Aber als Statistik sei die Zahl mitnichten zu werten, sagte die Beraterin. Sie sei, soweit sie sich erinnern konnte, bei einer Befragung durch einen Drogenhilfeverein von ehemaligen Drogenabhängigen im Raum Hamburg entstanden, habe aber keinesfalls einen repräsentativen Charakter.

Sie selbst kenne persönlich nur wenige Aussteiger, einer sei nach rund 10 Jahren ausgestiegen, ein anderer nach 15 Jahren und von zweien wüsste sie es nicht so genau, aber es wären bei beiden auch mehrere Jahre oder sogar Jahrzehnte gewesen.

Dann erzählte sie, dass sich ihrer Meinung nach die Situation in den letzten Jahren noch einmal verschlechtert habe. Jetzt gäbe es zwar die Möglichkeit der Substitutionsbehandlung mit Ersatzstoffen, doch insgesamt sei die Sachlage dadurch auch undurchsichtiger geworden. Ein Großteil der Abhängigen illegaler Drogen befände sich nun in einem Substitutionsprogramm, nichtsdestotrotz würden die Teilnehmer aber nicht selten den fehlenden Kick mit Alkohol, Tabletten und den ganzen Designerdrogen wie Räuchermischungen und Badesalze aus dem Internet, wettmachen. Somit würden sie also einen multiplen Substanzmissbrauch aufweisen, was man in der Fachwelt gemeinhin als Polytoxikoman bezeichnete. Früher, sagte sie, hätte ein Junkie, der genügend Heroin hatte, den Alkohol gemieden, wie der Teufel das Weihwasser. Doch inzwischen seien viele Süchtige von mehreren Substanzen gleichzeitig abhängig.

»Alkohol, Benzodiazepine, Mephedron und Opiate«, zählte sie auf und eine ganze Reihe anderer Drogen. Alle mit unterschiedlichen Entzugssymptomatiken – von Schweißausbrüchen, bis hin zu Krampfanfällen. Und von Delirium tremens, bis zu akuten psychotischen Zuständen.

»Da sich die verschiedenen Substanzen nicht zusammen entziehen lassen«, erklärte sie, »müssen sie einzeln, während stationärer Teilentzüge, entzogen werden – was für die Betroffenen erfahrungsgemäß eine große Hürde darstellt, sich überhaupt in eine Entzugsklinik zu begeben.«

Die Beraterin blickte Marie ernst an: »Sie haben doch erwähnt, dass Max Räuchermischungen, Subutex und Alkohol konsumiert? Ich würde Ihnen dringend anraten, zunächst erst einmal zu akzeptieren, dass sie einen drogenabhängigen Sohn haben ...«
Marie schluckte, sie war wie vor den Kopf geschlagen.
Der strenge Blick der Beraterin war wieder sanfter geworden. Sie beugte sich vor, berührte sie erst leicht an der Schulter und nahm dann mütterlich Maries Hände in ihre.

»Die sofortige Abstinenz galt lange Zeit als oberstes Ziel in der Suchthilfe«, erklärte sie, »doch das war eine Illusion. Drogenabhängigkeit ist eine Krankheit. Man verlangt doch auch nicht von einem Krebskranken, von einem Tag auf den anderen, keinen Krebs mehr zu haben. Eine Drogensucht ist extrem schwer zu überwinden. Heute geht man den Weg der vielen kleinen Schritte. Vordergründig gilt das Ziel, eine Stabilisierung und die Verbesserung der Lebensumstände zu erreichen, langfristig wird eine Abstinenz anvisiert.«
Marie kämpfte mit den Tränen. Als sie die Drogenberatungsstelle verließ, konnte sie sie nicht mehr halten. Sie setzte sich in ihr Auto und heulte drauflos.

15 Jahre, schoss es ihr durch den Kopf, dann war Max 39, wenn er dann überhaupt noch lebte.

*

Nachdem sie sich am nächsten Tag etwas von dem ersten Schock erholt hatte, fiel ihr ein, dass sie Max, vor dessen Therapie, des Öfteren in eine Drogenberatungsstelle gefahren hatte. Max hatte nach dem Beratungsgespräch immer gelöst gewirkt und hatte ihr auch von dem Suchtberater vorgeschwärmt. Dass dieser in Sachen Drogen nicht so engstirnig dachte wie sie, sondern im Gegensatz zu ihr, ein ganz lockerer Typ sei. Sie überlegte, welchen Namen dieser Berater gehabt hatte. Schmunzelnd fiel er ihr ein. Herr Klar. Der Name hatte ihr schon das erste Mal, als er ihr zu Ohren kam, ein Lächeln entlockt. Ein Drogenberater der Herr Klar hieß, was es nicht alles gab. Über Google suchte sie in ihrem Smartphone die Nummer heraus und rief an. Durch Zufall konnte sie schon für den nächsten Tag einen Termin vereinbaren. Ein Klient hatte abgesagt und so hatte sich eine Lücke ergeben. Während des Telefongesprächs hatte sie das Gefühl, ein wenig Neugier aus Herrn Klars Stimme herauszuhören. Vielleicht war er selbst interessiert, wie es mit Max seit der Therapie weitergegangen war?

Herr Klar / der 1. Besuch

Einen Tag später befand sich Marie dann in Herrn Klars Büro.
Zuvor hatte sie allerdings ein paar Minuten warten müssen, bis das Beratungsgespräch mit einem Klienten zu Ende ging, dann erst hatte sich die Türe des Büros geöffnet. Herr Klar hatte einen jungen Mann verabschiedet und anschließend sie begrüßt. Im Grunde hatte sie sich ihn in etwa so vorgestellt. Ein Mann Mitte

fünfzig, mit etwas lichtem Haar und sehr sympathischen Gesichtszügen. Er hatte ihr einen Platz angeboten und gefragt, ob sie einen Tee wolle. Dann war er in die Küche des Beratungszentrums verschwunden, während sie nun in einem mit Baumwolle bezogenen Schwingsessel mit hölzernen Armlehnen saß. Sie ließ ihren Blick umherschweifen. Das Büro wirkte puristisch und war sehr stilvoll und freundlich eingerichtet. An drei Wänden hingen einfach gerahmte Bilder mit Bergpanoramen. Eines zeigte einen Mann vor einem Gipfelkreuz. An der Wand hinter dem Schreibtisch hing ein Poster. Ein blauer Buddha im Lotussitz war darauf zu sehen. Herr Klar kehrte mit einem Tablett zurück, auf dem eine Teekanne, eine Zuckerdose und zwei große Tassen standen.

Er stellte das Tablett auf ein kleines Beistelltischchen. Dann setzte er sich ihr gegenüber und schenkte ihr einen Tee ein, bevor er sich selbst eine Tasse genehmigte.

»Wie geht es Max?«, eröffnete er das Gespräch.

»Schlecht«, seufzte sie. Mit einem noch tieferen Seufzen fügte sie hinzu: »Max ist in einem Ersatzdrogenprogramm.«

»Also doch«, murmelte Herr Klar.

Dann erzählte Marie weinend, was ihr die Frau in dem Beratungszentrum mitgeteilt hatte, dass die meisten Drogensüchtigen erst nach 15 Jahren aufhörten, oder nie.

»Ich habe auch schon von dieser These mit den 15 Jahren gehört«, erwiderte Herr Klar. »Aber das ist doch ausgemachter Quatsch. Zu diesem Thema gibt es kaum verlässliche Erhebungen.«

In der weiteren Folge ließ Herr Klar Marie ihr Herz ausschütten.

Ohne Punkt und Komma erzählte sie zuerst von ihrem Exmann, der sich in ihren Augen nie richtig um Max gekümmert hatte. Dass er zum dritten Mal verheiratet und obendrein stolzer Vater eines Töchterchens sei, und gar nichts mehr von ihm wissen wollte. Dann, wie Max' Kindheit verlaufen war, dass er immer sofort gequengelt hätte, wenn er etwas nicht bekommen hatte und nie eine Frustrationstoleranz gehabt habe. Sie erzählte, wie sie aus allen Wolken gefallen war, als sie ihn beim Kiffen erwischt hatte, aber dass es dann zu jener Zeit mit Max' Leistungen in der Schule wieder bergauf ging und sie eine ganze Zeit gedacht habe, dass alles wieder ins Lot kommen würde, bis sie zufällig einen Streit zwischen Max und dessen Freundin mitbekommen hatte, wo ihm diese an den Kopf warf, dass er andauernd am Kiffen sei. Doch selbst da hatte sie noch gedacht, dass es sich nur um eine vorübergehende Phase handeln würde.

»Wieso hört er denn nicht auf?«, rief sie und hatte Tränen in den Augen. Herr Klar legte die Handflächen ineinander und beugte sich leicht vor.

»Weil er nicht kann«, sagte er langsam.

»Wieso kann er denn nicht?«

»Das ist nicht so leicht zu erklären«, sagte Herr Klar, »man muss das Phänomen Sucht verstehen.«

»Verstehen?«, schnappte sie die Worte auf.

»Dann erklären sie es mir bitte.«

»Erklären? ... Das geht nicht so einfach.«

»Versuchen sie es.«

Herr Klar lehnte sich in seinem Sessel zurück und schien nachzudenken. Dann sagte er:

»Wenn Sie wirklich begreifen wollen, was Sucht ist, wird es mit einem Termin nicht getan sein.«

»Das ist mir egal. Ich will es verstehen, damit ich Max helfen kann.«

Herr Klar ließ wieder einige Zeit verstreichen ehe er weitersprach.

»Na gut«, seufzte er schließlich, »ich will versuchen, es Ihnen nahe zu bringen, doch bevor wir damit anfangen, sollten wir uns erst überlegen, was eigentlich gegen Sucht als Lebensmodell spricht ...«

»Wie meinen Sie das?«

»Es handelt sich um eine rhetorische Frage«, erwiderte Herr Klar. »Was spricht dagegen tagtäglich Drogen zu nehmen?«

»Alles«, antwortete Marie und sah ihn verwundert an. Herr Klar legte die Stirn in Falten.

»So leicht würde ich mir die Antwort nicht machen«, entgegnete er. »Vielleicht liegen wir ja mit unserer Annahme falsch und das Leben ist mit Drogen tatsächlich leichter zu ertragen.

Überlegen Sie doch mal: Was wäre, wenn es tatsächlich eine Pille gäbe, die glücklich macht? Würden dann nicht alle Menschen sofort diese Pille haben wollen. Ein Mittel gegen alle Arten von Kümmernissen, gegen Trübsal und Langeweile, gegen Ängste und Nöte, gegen körperliche wie auch seelische Schmerzen – Rausch und Ekstase zu jeder Gelegenheit, allzeit verfügbar, wann immer man will.

Oder wie Charles Baudelaire einst das Opium in einem seiner Texte rühmte: ... ein Mittel für Schmerzen, die niemals vernarben ... und für die Ängste, die den Geist in Aufruhr bringen ... o ... Opium ... Du besitzest die Schlüssel zum Paradies ...

Was spricht also dagegen, sich das Leben ein wenig mit Drogen zu versüßen, es von der leichten Seite zu nehmen – die Schlüssel zum Paradies in den Händen zu halten?«

Marie sah ihn mit einem fragenden Blick an. Sie wusste keine Antwort darauf.

»Sagen Sie es mir?«, sagte sie stattdessen.

»Weil es nicht funktioniert«, antwortete Herr Klar. »Trotzdem wollte ich, dass Sie sich einmal Gedanken darüber machen. Denn gegen die Idee, dass sich das Leben durch die tägliche Einnahme von Drogen angenehmer gestalten ließe, gibt es an und für sich nichts einzuwenden. Würde es funktionieren, wäre mit Sicherheit weit mehr als die Hälfte der Menschheit drogenabhängig.«

»Und warum funktioniert es nicht?«, fragte Marie.

»Weil die Drogen nur Anfangs das halten, was sie versprechen«, erwiderte Herr Klar.
Der zu Anfang als so toll erlebte Rauschzustand, lässt sich mit Dauer der Abhängigkeit immer schwerer erreichen, man steigert die Dosis und für ein paarmal funktioniert es vielleicht und man erfährt das tolle Gefühl wieder, aber am Ende läuft man dem Gefühl wie ein immerzu hungriger Wolf hinterher, der nicht einen gescheiten Bissen zwischen die Kiefer bekommt – man wird nicht mehr satt von den Drogen. Inzwischen hat sich dann die Gewohnheit eingeschlichen. Und ab da lebt man ein Leben 2. Klasse. Gefangen in der Sucht; gegängelt und bevormundet von Gerichten, Staatsorganen, Ärzten und Therapeuten. Am Schluss nimmt man die Drogen nicht mehr für den Rausch, denn den erlebt man schon lange nur noch in einer sehr, sehr abgespeckten Version, wenn überhaupt. Nein, dann nimmt man die Drogen, um zu funktionieren, um nicht krank zu sein, um keine Schmerzen zu spüren, doch irgendwann helfen sie auch dagegen nicht mehr. Am Ende bestimmen Ohnmacht, Resignation und Depression das Leben eines Abhängigen. Das Gegenteil von dem was er ursprünglich zu finden glaubte.

Ein Süchtiger ist vergleichbar mit der griechischen Sagengestalt des Ikarus, der mit Flügeln, gefertigt aus

Federn und Wachs, der Sonne entgegenfliegt und dem die Sonne das Wachs in den Flügeln schmelzen lässt. Ikarus stürzt ins Meer. Der Süchtige taucht ab in die Hoffnungslosigkeit – wie mit eisernen Bändern auf seinen Rücken gebunden, schleppt er fortan die Bürde der Sucht mit sich herum.«

Herr Klar ließ eine kurze Pause entstehen. Er fasste sich ans Kinn, zog die Stirn in Falten und überlegte angestrengt, wie er Marie das Phänomen Sucht besser verdeutlichen konnte. Ihm kamen Zweifel, ob er sich mit seinem Angebot, ihr das Ganze näher zu bringen, nicht zu weit aus dem Fenster gelehnt hatte. Das Thema war hochgradig kompliziert.

»Ich könnte versuchen, ihnen die Sucht in einer Art Gleichnis aufzuzeigen«, sagte er schließlich.

»Nur zu«, sagte sie.

»Dazu wäre es aber hilfreich, wenn sie sich zurücklehnen, die Augen schließen und sich entspannen.«
Sie fand die Aufforderung etwas sonderbar, erinnerte sich aber, auf der Webseite der Beratungsstelle gelesen zu haben, dass Herr Klar ein Psychologe war.

»Lernt man das während des Psychologiestudiums?«

»Ich verstehe nicht?«, sagte Herr Klar und horchte auf.

»Dass sich die Klienten zurücklehnen und die Augen schließen sollen?«, meinte Marie und lehnte sich zurück.

»Wie kommen Sie auf ein Psychologiestudium, ich habe nie eines besucht?«, erwiderte Herr Klar verdutzt.

»Aber sie sind doch Psychologe?«
Marie setzte sich wieder auf.

»Psychologe? Nein, bin ich nicht. Wie kommen Sie darauf?«

»Aber das stand doch auf der Webseite der Beratungsstelle.«

Herr Klar schürzte die Lippen und überlegte.

»In der Vita meiner Kollegin, ja. Das ist offensichtlich ein Missverständnis. Möchten Sie lieber einen Termin mit meiner Kollegin ausmachen, sie ist Diplom Psychologin, ihr Büro ist nebenan.«

Marie schluckte.

»Und Sie sind was ...?«

»Ein Ex-Abhängiger«, sagte Herr Klar.

»Ex ... Drogenabh...?«, Marie sprach nicht weiter und schluckte nochmal.

»Ja. Drogen ...« nickte Herr Klar zustimmend, »möchten Sie lieber zu meiner Kollegin?«

Einen Augenblick herrschte Stillschweigen.

»Nein!«, erwiderte Marie entschieden, machte es sich im Sessel bequem und schloss die Augen.

Herr Klar griff nach seiner Tasse, trank einen Schluck und nahm dann ebenfalls eine bequeme Haltung ein.

»Ich will Ihnen die Geschichte von dem kleinen Bären erzählen«, begann er.

»Zunächst war es ein sehr kleines Bärchen. Es kam im Dschungel zur Welt und wuchs mit Mutter und Vater Bär in einer Höhle heran. Von Anfang an zeigte sich das kleine Bärchen überaus ängstlich und schüchtern. Als es die Mutter einmal, während des wöchentlichen Reinemachens, zum Spielen nach draußen vor die Höhle setzte, kam ein junger Tapir des Weges, der es im Gesicht ableckte. Das kleine Bärchen hatte einen fürchterlichen Schreck bekommen und war jämmerlich quiekend und am ganzen Leib zitternd in die Höhle zur Bärenmutter gerannt. Es hatte geglaubt, der Tapir habe es fressen wollen. Doch der Tapir, der von Natur aus Vegetarier war, hatte lediglich die Honigreste gewittert,

die im Fell rund um die kleine Bärenschnauze kleben geblieben waren, und sie abzulecken versucht.
Seither blieb das Bärenjunge lieber in der sicheren Höhle, anstatt draußen mit den anderen Bärenkindern herumzutollen. Draußen, dachte es, sei es viel zu gefährlich. Im Dschungel lauerten auch allerhand Gefahren. Durch das Unterholz schlich der Tiger, am Boden und in den Bäumen lebten giftige Schlangen, durch die Luft schwirrten blutsaugende Insekten, die sich im Fell einnisten und einem gewaltig piesacken konnten. Überall kreuchten giftige Spinnen, Skorpione, fleischfressende Ameisen und anderes gefährliches Getier umher.
Doch in seinem Zuhause hatte es das kleine Bärchen auch nicht so gut. Das lag daran, dass sich Bärenmutter und Bärenvater von frühmorgens bis spät in die Nacht hinein heftig stritten. Das Bärchen war den Streitigkeiten der Eltern auf Gedeih und Verderb ausgeliefert. Immer herrschte Miesepeterstimmung in der heimischen Höhle.
Das Bärenjunge wuchs heran, und die Zeit kam, wo es zur Bärenschule gehen musste. Nun war das Unglück wirklich groß. An fünf Tagen die Woche war der kleine Bär nun gezwungen, in den Dschungel aufzubrechen, um sich auf den Weg in die Schule zu machen. In der Schule wiederfuhr dem Bärenjungen dann auch nichts Gutes. Die anderen Bärenkinder zogen es auf, da es ein wenig zu große und weit abstehende Ohren hatte, die noch dazu ständig einknickten – was eigentlich nichts anderes hieß, als dass er später einmal zu einem sehr großen und kräftigen Bären heranwachsen würde –, doch sie sahen nur einen kleinen Bären mit viel zu großen Ohren und trieben ihren Spott mit ihm.
Als das kleine Bärenjunge eines Tages von der Schule nach Hause kam, hatten sich Vater und Mutter Bär getrennt und ein riesiger fremder Bär saß in der Höhle. Er

war der neue Freund der Bärenmutter. Als sie einmal kurz in der Küche verschwand, bedachte der fremde Bär, das Bärenjunge, aus blutunterlaufenen Augen, mit einem kurzen, prüfenden Blick. Der Blick wirkte alles andere als nett, sondern schien abzuwägen, ob das Bärenjunge für einen Leckerbissen tauge. An den halbgeöffneten Lefzen des fremden Bären triefte regelrecht ein dicker Speichelfaden herunter. Die riesigen gelben Fangzähne, die aus dem Maul standen, jagten dem kleinen Bären einen eiskalten Schauer über den Rücken. Als die Bärin endlich wieder zurückkehrte, tat der fremde Bär, als wenn nichts gewesen wäre und setzte ein freundliches Lächeln auf.

Nun kam der kleine Bär fast überhaupt nicht mehr zur Ruhe. In der Wohnung saß nun dieses Untier von neuem Freund der Mutter und draußen lauerten Tiger, Schlange und gemeine Insekten. Des Nachts konnte der kleine Bär fast kein Auge mehr zutun und tagsüber war er sowieso unter ständiger Anspannung. Eines Tages als er wieder zur Schule unterwegs war, sah der kleine Bär an einer Biegung ein Stück gelbrötliches Fell mit schwarzen Streifen aufblitzen. Der Tiger. Mit einem Satz war er ins Unterholz gesprungen und lief blindlings so schnell er konnte durch den Busch. Doch oh Graus. Hinter sich hörte er immer wieder das deutliche Knacksen von Ästen und das Peitschen zurückschnellender Zweige. Im Laufen blickte er sich um. Zwischen grünem Blattwerk sah er das gelbrötliche Fell. Plötzlich stolperte er in eine Grube. Er hatte nicht aufgepasst, wo er hingetreten war. Im Fallen bekam er eine Wurzel zu fassen und hielt sich daran fest. Da tauchte schon knapp einen Meter über ihm der breite Schädel des Tigers auf. Die Grube war nicht tief. Der kleine Bär versuchte, über die Wurzel nach unten zu klettern, um dem Tiger zu entkommen und

entdeckte im selben Augenblick, eine Bewegung unter dem Laub, das sich am Grubenboden angesammelt hatte. Eine Schlange hob züngelnd ihren Kopf in die Höhe. Als wäre dem nicht genug, sah er eine ganze Kolonne fleischfressender Ameisen die Wurzel zu sich herunterklettern, während sich der Tiger schon über den Grubenrand gelegt hatte und mit der Pranke nach ihm angelte. In dieser höchsten Not entdeckte der kleine Bär, hinter herabhängendem Wurzelwerk, den Eingang zu einer Höhle. Die Öffnung war gerade groß genug, dass er hindurchpasste. In seiner Verzweiflung nahm er all seinen Mut zusammen und kletterte hinein.
Als sich der kleine Bär in der Höhle wiederfand, glaubte er seinen Augen nicht zu trauen.
Alles war wie in einem Traum.
In der Höhle war es ausreichend hell, aus mehreren kleinen Ritzen und Spalten fiel Licht herein. Es war angenehm kühl und nicht so stickig, wie zuvor im Dschungel. Ein Geruch von Honig ging ihm in die Nase, dass ihm das Wasser im Maul zusammenlief. Der kleine Bär hob die Schnauze und schnupperte, von woher der Geruch stammte. Die ganze Höhle duftete deutlich nach Honig. Da entdeckte er keine zwei Körperlängen von sich entfernt einen ganzen Bach aus Honig. Der Honig floss an einer Baumwurzel herunter und sammelte sich in einem Rinnsal am felsigen Höhlenboden.
Über der Höhle stand ein riesiger Bienenbaum in dem mehrere Dutzend Völker Riesenhonigbienen ihre Nester angelegt hatten.
Der kleine Bär schlug sich so den Bauch voll, dass er bald zufrieden und vollgefressen in der Höhle lag und sein Glück kaum fassen konnte. Eine Müdigkeit überkam ihn und kurz darauf war er eingeschlafen. Er träumte einen angenehmen Traum – er hatte wie die

Riesenhonigbienen ein paar Flügel auf dem Rücken, flog mit ihnen umher und half, den Honig einzusammeln. Als er nach Stunden wieder wach wurde, hatte sich das Völlegefühl in seinem Magen wieder gelegt. Er fühlte sich so glücklich und zufrieden wie schon lange nicht mehr. Er sprühte geradezu vor Frohsinn und Tatendrang. Er stand auf, reckte und streckte seine Glieder, und machte sich langsam daran die Höhle auszukundschaften. Wenig später fand er einen anderen Ausgang.
Abends, als er auf seiner Schlafstelle lag, dachte er an die Höhle. Er hatte einen Platz gefunden, wo er hinkonnte, wann immer er wollte und wo er in Sicherheit war. Und in dem es noch dazu einen ganzen Bach voller Honig gab. Für den kleinen Bären handelte es sich bei diesem Ort, um den schönsten Ort der Welt.«
Herr Klar hatte mit der Geschichte geendet und stellte die Tasse ab.
Von Marie war ein lautes Atmen zu vernehmen.
»So schlimm war es nicht«, schluchzte sie.
»Ich habe die Geschichte frei erfunden, während ich sie erzählt habe«, sagte Herr Klar.
»Aber die Höhle, wie glauben Sie hat der kleine Bär die Höhle empfunden? Was für eine Bedeutung hat sie in seinem weiteren Leben gehabt?«
Marie überlegte, sie hatte bereits eine leise Ahnung worauf Herr Klar hinaus wollte.
»Vermutlich hat er sie ganz toll gefunden«, sagte sie.
»Toll?«, sagte Herr Klar.
»Denken sie daran, im Zuhause des kleinen Bären saß der böse Bär, der ihn als Leckerbissen betrachtete. Draußen lauerten Tiger, Schlange und giftige Insekten. In der Schule garstige Bärenkinder, die ihn mobbten. Der kleine Bär hatte doch rein gar nichts auf das er sich freuen konnte und für das es sich zu leben lohnte.«

»Sie haben recht«, sagte Marie. »Er muss die Höhle als übermäßig toll empfunden haben.«

»Das denke ich auch«, sagte Herr Klar und fuhr fort, »wie hätte ein anderes Bärenkind die Höhle empfunden? Eines, aus einer intakten Bärenfamilie? In dessen Küche ein Schrank steht, der voll ist mit Honiggläsern? Wo es einen Vater gibt, der das Bärenjunge zur Schule bringt und der den anderen Bärenkindern gehörig die Meinung geigt, wenn sie seinen Nachwuchs mit Spott bedenken? Einen Vater, vor dem sich selbst Tiger in Acht nehmen, bei dem Schlangen das Weite suchen, wenn sie ihn kommen hören und mit dem sogar Stechfliegen ihre liebe Not haben, wenn sich der Bär, auf der Suche nach ihnen, mit seinen messerscharfen Krallen durchs Fell pflügt? Wie würde dieses Bärenjunge die Höhle sehen?«

Marie überlegte eine Zeit.

»Vermutlich würde es die Höhle als interessant empfinden«, sagte sie schließlich.

»Würde es nochmal hingehen?«

»Eher nicht.«

»Und der kleine Bär, der sonst nichts hat, auf das er sich freuen kann?«

»Der schon!«, sagte sie.

Eine Pause entstand.

»Könnten sie die Geschichte nicht Max erzählen?«, sagte Marie.

»Er wird sie nicht hören wollen«, erwiderte Herr Klar und ließ einige Sekunden verstreichen, bevor er weitersprach.

»Aber noch einmal kurz zu unserem kleinen Bären. Wie würde er reagieren, wenn jetzt der Lehrer im Schulunterricht von genau derselben Höhle erzählen und sie von hinten bis vorne schlecht machen würde. Die

Höhle sei nichts, der Honig sei giftig und die Schüler sollten sich tunlichst davon fern halten.

Was würde sich unser Bär denken?«

Marie legte die Stirn in Falten und dachte wiederum einige Augenblicke nach, ehe sie erwiderte: »Er würde wohl denken, der Lehrer hätte irgendetwas persönliches gegen die Höhle und dass er deswegen lügt.«

»Vermutlich würde er so denken«, sagte Herr Klar.

»Und was würde der kleine Bär für Schlüsse daraus ziehen, wenn plötzlich beinahe alle Bären vor der Höhle warnen würden, obwohl sie sie noch nie gesehen haben, geschweige denn wissen, wo sie liegt?«

»Er würde wohl zu demselben Schluss kommen«, sagte Marie.

Herr Klar nickte. »Er hätte vermutlich keine gute Meinung von ihnen. Er würde sich denken, dass sie ihre Meinung der Allgemeinheit anpassen und anderen gerne nach dem Mund reden. Es würde ihn ärgern, dass sie sich über etwas ein Urteil bilden, von dem sie nicht den Hauch einer Ahnung haben ...«

Vielleicht haben sie recht«, sagte Marie, »aber trotzdem lässt sich die Höhle nicht mit Drogen vergleichen. Drogen sind schlecht und sie machen abhängig.«

»Hmh«, überlegte Herr Klar. »Stimmt. Die Höhle lässt sich nur schwerlich mit Drogen vergleichen – vielleicht mit einem Ort, wo man sicher aufgehoben ist, sich geborgen fühlt. Der Honig taugt schon eher für einen Vergleich. Im Honig ist Zucker – manche vergleichen Zucker mit einem Suchtstoff – und in diesem Fall handelt es sich um den psychodelischen Honig der Riesenhonigbienen aus Rhododendron-Blüten. Dieser Honig wirkt in kleinen Mengen berauschend, in größeren

Dosen konsumiert, sind Vergiftungserscheinungen die Folge.

Ob aber Drogen durchweg schlecht sind, darüber ließe sich streiten. Die wahren Ursachen für Sucht und Abhängigkeit lassen sich auf alle Fälle nicht in den Drogen finden.«

»Nicht?«, fragte Marie.

»Nein. Nicht!«, erwiderte Herr Klar.

Marie sah ihn verwirrt an.

»Eine andere Frage«, sagte Herr Klar, »hatten Sie schon einmal eine schwere Operation?«

»Ja, hatte ich. Warum fragen Sie danach. Sieht man das an meinem Gang?«

»Nein, nein. Ich frage aus einem anderen Grund.«

Von Marie war ein leises Aufatmen zu vernehmen.

»Ich hatte mir beim Skifahren einen komplizierten Beinbruch zugezogen«, erklärte sie, »und musste des Öfteren operiert werden. Insgesamt lag ich beinahe ein halbes Jahr im Krankenhaus.«

»Dann haben Sie mit hoher Wahrscheinlichkeit starke Schmerzmittel erhalten.«

»Schon«, seufzte Marie.

»Vermutlich hat man Ihnen zunächst gegen die starken Schmerzen Diamorphin gegeben und danach ein leichteres Opioid. Vielleicht haben Sie sogar dieselben Drogen erhalten wie Max. Warum wurden sie nicht süchtig? Wenn man Ihrem Standpunkt folgt, müssten Sie jetzt süchtig sein.«

Marie sah Herrn Klar mit einem unsicheren Blick entgegen. Darauf wusste sie nicht, was sie antworten sollte.

Herr Klar fuhr fort:

»Hatten Sie schon einmal starken Husten?«

Marie überlegte.

»Ja, als Jugendliche und junge Erwachsene hatte ich immer wieder Keuchhusten, zunächst aber hatte der Arzt eine starke Bronchitis diagnostiziert und ich musste immer diesen grässlichen Hustensaft trinken ...«

»Dann hat man Ihnen mit ziemlicher Sicherheit Codein verabreicht, ein Mittel, von dem ganze Heerscharen von Junkies in den achtziger Jahren abhängig waren. Warum sind Sie davon nicht abhängig geworden?«

Marie zuckte seufzend mit den Achseln und ließ sich in den Sessel sinken. Aus dieser Sicht hatte sie die Sache noch nie betrachtet.

Herr Klar hatte die Hände vor den Bauch verschränkt und lehnte sich ebenfalls zurück. Marie richtete sich wieder auf und griff nach ihrer Teetasse.

»Dann werden nicht alle von Drogen abhängig, die damit in Kontakt kommen?«, fragte Marie.

»Nein, nicht alle«, erwiderte Herr Klar. »Es gilt allerdings schon zu unterscheiden, dass Drogen ein unterschiedliches Suchtpotential haben. Heroin macht beispielsweise sehr schnell abhängig, LSD hingegen erzeugt kein Suchtverhalten. Wobei ich damit nicht sagen will, dass die Einnahme von LSD ungefährlich ist. Sicherlich haben Sie schon einmal in diesem Zusammenhang von einem Horrortrip oder substanzinduzierten Psychosen gehört.

Im amerikanischen Fernsehen gab es einen Werbespot, der den Krieg gegen die Drogen untermauern sollte. Eine Ratte wurde in einen Käfig mit zwei Flaschen Wasser gesetzt. In der einen Flasche war reines Wasser, in der anderen Flasche war das Wasser mit Kokain versetzt. Neun von zehn Ratten wurden abhängig und tranken solange, bis sie tot umfielen. Die Bevölkerung glaubte es gerne. Kokain war tödlich. Bis der kanadische

Psychologie-Professor Bruce Alexander die Studie als nicht folgerichtig entlarvte. Er wiederholte das Experiment, jedoch nicht mit einer Ratte, sondern mit mehreren. Und er setzte die Ratten nicht in einen kleinen, sondern einen großen Käfig. Er gab ihnen Spielsachen und die Möglichkeit Tunnel zu bauen. Plötzlich war das Ergebnis der Tests ganz anders. Die Ratten probierten zwar noch das mit Drogen versetzte Wasser, fingen aber an, es zu meiden. Keine der Ratten wurde schwerabhängig und keine starb.«

»Das verstehe ich nicht«, sagte Marie, »warum wurden sie nicht abhängig?«

»Ganz einfach. Der Professor hatte den Ratten gegeben, was sie glücklich macht. Einen Haufen Freunde und eine schöne Umgebung. Ratten sind Rudeltiere, sperrt man sie in Isolationshaft, verkümmern sie.«

»Und in dem Käfig mit den Artgenossen wurden sie nicht süchtig?«,

»Nein. Da wurden sie nicht süchtig!«

»Lässt sich dieser Versuch auch auf Menschen übertragen?«

»Vielleicht nicht gänzlich«, sagte Herr Klar, »Menschen haben weitaus komplexere Formen des Zusammenlebens als Ratten. Sicherlich kennen sie den Ausspruch von Sophokles, er lebte um 496 – 406 v.Chr.:

»Der ärgste Fluch des Menschen ist das Geld.«

Will ein Süchtiger Hilfe in Anspruch nehmen, muss erst geklärt werden, welcher Kostenträger die Kosten übernimmt. Überall ist die Frage des Geldes vorgeschaltet. Ohne jemanden der bezahlt, keine Hilfe. Hilfe wird anhand des verfügbaren Geldes bemessen. Für das Hilfesystem heißt das: sich den Vorgaben der Geldgeber, der Renten- und Krankenkassen anzugleichen und das Angebot immer weiter abzuspecken. Für den

Süchtigen heißt es: auf Ämter laufen, Anträge stellen und warten.

Ratten nehmen ihre Artgenossen bedingungslos an. Menschen knüpfen Bedingungen aneinander. Und neben dem, dass in jeder Lebenslage, von Geburt bis Tod, für alles bezahlt werden muss, verlangen sie von ihren Mitmenschen auch noch, sich anzupassen. Passt sich ein Mensch nicht an, läuft er Gefahr, ausgegrenzt zu werden. Genau das passiert in unserer Gesellschaft mit Drogenkonsumenten. Sie verwenden geächtete Substanzen, verhalten sich daher nicht angepasst und werden somit vorschnell von den Medien, der Allgemeinheit und den Staatsorganen als ein Haufen krimineller und kranker Zombies stigmatisiert. Dazu wird Drogensucht von weiten Teilen der Bevölkerung wie eine gefährliche, ansteckende Krankheit gesehen, mit dem Ergebnis, dass Drogenkonsumenten ausgegrenzt und verfolgt werden; wo immer sie auftreten: in der U-Bahn, im Krankenhaus, in Arztpraxen, auf Ämtern und in Gefängnissen, überall schlägt ihnen Verachtung, Misstrauen und Ablehnung entgegen.

Dass aber gerade diese Ausgrenzung größtenteils für das Erscheinungsbild der Drogenkonsumenten in der Gesellschaft mit verantwortlich ist, wird nicht wahrgenommen.«

Marie war der bittere Ton in Herrn Klars Stimme nicht entgangen.

»Man merkt, dass aus Ihnen die Erfahrung spricht«, sagte sie.

Herr Klar blickte Marie ins Gesicht.

»Sie haben vermutlich recht, vielleicht habe ich es ein wenig zu drastisch dargestellt«, stöhnte er. »Das ganze Thema rund um illegale Drogen ist mit so vielen Ungerechtigkeiten behaftet. Zum Beispiel wurde vor ein paar Jahren ein Cannabisdealer auf der Flucht von hinten von der Polizei erschossen. Später stellte das Gericht fest: Der Schusswaffengebrauch sei durch das Polizeiaufgabengesetz gedeckt gewesen. Demgemäß sind fliehende Drogennutzer zum Abschuss freigegeben. In den Medien hatte die Meldung nicht Mal für einen Aufschrei gesorgt. Man könnte sich an der Stelle getrost fragen, was passiert wäre, wenn die Polizei einen Alkohol- oder Tabakhändler von hinten erschossen hätte. Da hätten die Druckpressen der Zeitungen monatelang nicht mehr stillgestanden. Aber ein von der Polizei erschossener Cannabisdealer gibt nicht viel her. In den Augen der Bevölkerung ist das schon fast legitim. Ein Schädling, der der Gesellschaft geschadet hat. Da regt sich niemand mehr auf.«

»Das ist ja schrecklich«, sagte Marie.

»Und das ist es, was wir von den Ratten lernen können«, sagte Herr Klar. »Nicht auszugrenzen, sondern einander bedingungslos anzunehmen.«

Marie musste unweigerlich an ihren Sohn denken. Herr Klar hatte ganz offensichtlich ein Herz für Süchtige. Max sollte an ihrer Stelle hier sitzen.

»Ich würde mir so wünschen, dass Max zu Ihnen in die Beratung kommt«, sagte sie. »Dann könnten Sie ihm die Geschichte mit dem Bären erzählen und die Studie mit den Ratten. Es müsste ihn doch zum Nachdenken bewegen.«

»Er wird es nicht hören wollen«, sagte Herr Klar mit einem leisen Seufzen. »Max geht es wie dem kleinen Bären aus meiner Geschichte, der nichts als nur diese eine, trostspendende Höhle als Rückzugsort hat und sich vor den Sichtweisen der anderen Bären verschließt. Vermutlich würde er die Höhle nicht einmal aufgeben wollen, wenn er wüsste, dass der Honig darin giftig ist.«

»Aber irgendwie muss man es ihm doch sagen können?«

Herr Klar sah eine Weile aus dem Fenster.

»Vielleicht würde es helfen, wenn er es lesen würde« murmelte er und es klang so, als hätte er zu sich selbst gesprochen.

»Wenn er es liest?«, wiederholte Marie.

Herr Klar richtete den Blick wieder auf Marie und nickte.

»Ja. Ein Buch. Ein Buch ist unaufdringlicher als das gesprochene Wort. Das ist etwas anderes, als wenn ein Mensch vor Ihnen steht, der behauptet, eine Sache sei so oder so. Man kann sich das Gelesene durch den Kopf gehen lassen, und solange prüfen, bis man eventuell eine Wahrheit darin findet, oder auch nicht.«

»Gibt es so ein Buch?«

»Es gibt viele Bücher über Drogen. Aber nicht so ein Buch, wie ich mir das vorstelle.«

»Wie müsste es geschrieben sein?«

»Es dürfte sich nicht zu trocken lesen lassen, sondern sollte eine Mischung aus Sachbuch und Roman sein.«

»Und so ein Buch gibt es nicht?«

Herr Klar zuckte mit den Achseln.

»Dann sollte es geschrieben werden«, sagte Marie.

Herr Klar sah auf die Uhr, es war schon spät.

»Darf ich wieder kommen?«, fragte Marie.

»Ja. Natürlich.«

»Und dann erklären Sie mir, wie das Aufhören geht?«

»Das Aufhören?«, wiederholte Herr Klar, »ich war doch noch gar nicht damit fertig, Ihnen die Sucht zu erläutern.«

»Ja schon. Aber danach muss ich wissen, wie das Aufhören geht. Sie werden es mir doch erklären?«

»Ich werde es versuchen«, seufzte Herr Klar und suchte in seinem Kalender nach einem passenden Termin.

Herr Klar/ die Reflexion

»Tee?«, fragte Herr Klar und stellte das Tablett auf das Beistelltischchen. Dann ging er nochmals zu seinem Schreibtisch, holte einen Stift und einen Schreibblock und setzte sich Marie gegenüber in den freien Sessel.

»Stört es Sie, wenn ich ein wenig mitschreibe?«, fragte Herr Klar.

»Nein«, erwiderte Marie verwundert.

»Sie hatten recht.«

»Mit was?«

»Es sollte ein Buch geben.«

Marie sah Herrn Klar eine Weile an, bis ihr ein Licht aufging.

»Wollen Sie ein Buch schreiben?«, fragte sie.

»Ja, warum nicht? Ich habe schon welche geschrieben.«

»Sie haben schon Bücher geschrieben?«

»Nichts großartiges, nicht der Rede wert«, winkte er ab, als wäre es ihm peinlich, darüber zu sprechen.

»Soll es ein Buch für Fachkräfte werden?«

»Nein. Für Drogenabhängige.«

»Nicht für Suchtfachkräfte?«

»In erster Linie soll es für Drogenabhängige sein. Wir könnten es Max widmen, wobei es Psychologen, Pädagogen und andere Suchtfachkräfte natürlich genauso lesen können.«

Marie schenkte sich einen Tee ein, gab zwei Würfel Zucker aus der Zuckerdose hinzu und rührte um.

»Das letzte Mal hatten Sie angekündigt mir erklären zu wollen, wie es Max schaffen könnte aufzuhören.«

»Es würde sich um einen von vielen Wegen handeln«, sagte Herr Klar.

»Trotzdem«, sagte Marie, »ich würde ihn gerne hören.«

Herr Klar legte seinen ausgestreckten Zeigefinger an die Nase und überlegte, wie er anfangen sollte.

»Erinnern Sie sich noch an die Geschichte mit dem kleinen Bären, der die Höhle mit dem Honig entdeckt hatte?«

»Natürlich«, sagte Marie, »Sie haben wirklich Talent Geschichten zu erfinden, sie war überaus anschaulich.«

Herr Klar schmunzelte.

»Der kleine Bär hatte die Höhle mit dem leckeren Honig als die tollste Entdeckung seines bisherigen Lebens empfunden. Weil aber die anderen Bären vor der Höhle warnten und sie einen schlechten Ort hießen, hatte sich der kleine Bär von deren Meinung abgeschottet. Er hörte zwar was sie sagten, ließ es aber nicht mehr an sich heran. Nun konnten sie reden was sie wollten, er hörte einfach darüber hinweg. Er hatte die Schotten dicht gemacht. Dieser Vorgang war allerdings ohne direktes Wissen des Bären passiert. Es hatte ihn nur genervt, wenn sie abfällig über die Höhle geredet hatten und da hatte er irgendwann nicht mehr hingehört.«

Herr Klar richtete sich auf, trank einen Schluck aus seiner Tasse und sah Marie ernst in die Augen.

»So ähnlich ist es Max ergangen«, sagte Herr Klar. »Er hat auch seine Schotten dicht gemacht.«

»Haben wir das nicht schon beim letzten Termin besprochen«, fragte Marie.

»Schon«, erwiderte Herr Klar, »aber ich wollte, dass Sie sich das noch einmal vergegenwärtigen. Immer wenn Sie Max auf seine Sucht ansprechen, fühlt sich das für ihn so an, als ob sie in eine offene Wunde greifen würden.
Es verursacht ihm seelische Schmerzen, doch es hilft ihm nicht weiter.«

»Ich habe es verstanden«, sagte Marie, »aber ich halte es nicht aus. Ich war bei Max und habe ihm wegen seiner Sucht eine ziemliche Szene gemacht. Am Schluss hat er mich rausgeworfen.«

»Ich weiß«, sagte Herr Klar, »wir haben uns zufällig getroffen. Dabei hat er es kurz erwähnt.«

»Sie haben ihn getroffen?«, fragte Marie verwundert. »Wo?«

»Am Hauptbahnhof.«

Marie starrte Herrn Klar an. Irgendwie schlich sich ihr der Gedanke ein, dass das Treffen gar nicht so zufällig stattgefunden hatte. Vielleicht hatte Herr Klar ihren Sohn absichtlich aufgesucht. Er wusste ja, an welchen Plätzen sich die Drogenabhängigen zumeist herumtrieben.

»Was hat Max gesagt?«

»Wir waren einen Kaffee trinken. Max hat angekündigt, dass er wieder regelmäßig kommen will.«

»Er will wieder zur Beratung kommen?«

»Ja.«

»Wenigstens eine gute Nachricht«, seufzte Marie erleichtert. Sie fühlte sich, als ob ihr ein Stein vom Herzen gefallen wäre.

»Aber machen wir weiter«, sagte Herr Klar, schrieb etwas in seinen Block und lehnte sich mit Block und Stift im Sessel zurück.

»Am besten wir stellen uns das menschliche Gehirn wie einen Computer vor. Es ist ein sehr leistungsfähiger

Computer, der allerhand kann. Aber leider läuft er mit einem veralteten Betriebssystem, das jede Menge Macken hat. Im Fall von Max, verhält sich das so. Der Computer in Max' Gehirn hat das Glückserlebnis durch Drogeneinnahme als großartig auf seiner Festplatte »Speicherort Glück« abgespeichert. Da in Punkto Glücksempfindung in Max' Gehirn Ebbe herrschte, ist es nun so ungefähr das einzige Programm, das dort abgespeichert ist. Weil aber das Betriebssystem so veraltetet ist, lässt sich das Programm nicht Deinstallieren, und es gibt auch keine Lösch-Taste.«

»Aber wie soll Max dann jemals aufhören können?«, rief Marie. »Das hieße ja, er muss immer und ewig Drogen nehmen.«

Herr Klar schüttelte den Kopf.

»Keine Angst, es gibt einen Weg.«

»Der da wäre?«

»Er muss den HTML-Code im Programm ergänzen.«

»Den Code ergänzen?«

»Ich hätte wieder einen Vergleich anzubieten«, sagte Herr Klar.

»Schießen Sie los!«

»Max geht es in etwa so wie jemanden der sich Hals über Kopf in die falsche Frau verliebt hat. Diese aber liebt ihn nicht und betrügt ihn obendrein. Er will sich von ihr trennen – macht Schluss – aber sobald sie aus der Türe ist, verspürt er so eine Sehnsucht nach ihr, dass er ihr sofort hinterherrennt, ihr alles verzeiht, und sich wieder aufs Neue mit ihr einlässt, obwohl er weiß, dass sie ihn wieder betrügen wird und ihm nicht guttut ...«

Marie unterbrach ihn.

»Geht es Max nicht gut, hat er das erzählt?«

Herr Klar hielt inne.

»Alle Mitarbeiter der Beratungsstelle sind an die Schweigepflicht gebunden«, sagte er, »ich werde das Vertrauen von Max nicht enttäuschen. Ich habe ihm gesagt, dass Sie hier waren. Er vertraut mir diesbezüglich.«

»Ich verstehe«, nickte Marie und schluckte einen Klos hinunter.

»Er hat mir aber gesagt, dass ich Ihnen sagen darf, dass er aufhören möchte, aber nur nicht weiß wie.«

»Deshalb Ihr Vergleich mit der unglücklichen Liebschaft? Kann man das überhaupt vergleichen?«

»Durchaus«, sagte Herr Klar.

Bei diesen Worten sah sich Marie an ihren Ex-Mann erinnert. Mein Gott, was hatte er ihr das Leben zur Hölle gemacht und sie hatte es all die Jahre nicht geschafft, sich von ihm zu trennen. Max ging es sicher ähnlich.

Marie brach in Tränen aus.

Herr Klar ließ es eine Zeit geschehen.

»Ich finde es ist eine gute Nachricht, dass Max aufhören will«, sagte er schließlich.

Marie schluchzte, »Ja, ich auch«, brachte sie stockend hervor. »Es ist nur, weil alles wieder hochkam – das mit Max und das mit meinen Ex-Ehemann – dass er mir, beziehungsweise uns beiden, mir und Max, viele Jahre das Leben zur Hölle gemacht hat.«

»Sie haben es nicht geschafft, ihn zu verlassen?«

Marie schüttelte den Kopf.

Herr Klar überlegte, das passte hervorragend in sein Beispiel.

»Sich von dem falschen Partner zu trennen«, sagte er, »kann sehr kompliziert sein. Sich von einer Sucht zu lösen ist ähnlich, wobei ich denke, dass Zweites noch einmal ein ganzes Stück schwerer ist.

Wenn man sich – aus welchen Gründen auch immer – nicht in der Lage sieht, sich zu trennen, versucht man vielleicht das Problem unter den Teppich zu kehren. Nicht daran zu denken, es auszublenden. Das geht in der Regel solange gut, bis man erneut darüber stolpert. Man macht dasselbe wieder, kehrt wiederum alles unter den Teppich und die Beule unterm Teppich wächst bedrohlich an, bis sie irgendwann zu platzen droht – dann ist einem das Problem über den Kopf gewachsen und schlimmstenfalls resigniert man.«

»Aber was macht man dann?«, fragte Marie und sah Herrn Klar gespannt an.

»Zunächst sollte man versuchen, sich Klarheit zu verschaffen.«
Herr Klar tippte sich mit dem Finger gegen die rechte Stirnseite. »Der Weg beginnt hier«, sagte er, nahm seinen Block zur Hand und schrieb:

Die Suche nach der Wahrheit
»In den Gedanken hat es begonnen, in den Gedanken findet es sein Ende«, sagte Herr Klar und lächelte. »Der Wahrheit ins Auge zu blicken erfordert zunächst allerdings den Mut des unerschrockenen Forschers, der aber nicht ein bestimmtes Ergebnis zu finden hofft, sondern die Dinge in ihrer Beschaffenheit betrachten will, wie sie sind.
Im Falle einer unglücklichen Liebe sähe das so aus, dass man die Sache genau in Augenschein nimmt und dann abzuwägen versucht, was für eine Trennung spricht, und was nicht. Es geht darum das Für und Wider abzuwägen.
Um sich aber bei dieser Arbeit nicht im Kreis zu drehen, nimmt man sich am besten ein Blatt Papier zur Hand und schreibt als Überschrift, was man ursprünglich erreichen wollte. Dann zieht man mittig darunter einen Strich. In

die linke Spalte kommen die Fragen, in die rechte Spalte die Antworten. Das könnte so aussehen:

Ich wollte: Eine glückliche Beziehung

Links trägt man die Fragen ein:
- Liebt er mich?
- Wie behandelt er mich?
- Wie spricht er vor Freunden von mir?
- Respektiert er mich?
- Kann ich mich auf ihn verlassen?

Rechts die Antworten:
- Nein. Er liebt mich nicht ...
- Er behandelt mich wie Dreck ...
- Er spricht vor Freunden schlecht von mir ...
- Er respektiert mich nicht ...
- Ich kann mich nicht auf ihn verlassen ...

In diesem Fall, wäre es an der Zeit, sich von seinem Partner zu trennen.«

»Das klingt mir zu einfach«, wandte Marie ein und klang etwas enttäuscht.

»Es geht darum, sich an eine Entscheidung heranzuarbeiten«, sagte Herr Klar. »Darum ist es wichtig, sich eine Sache von allen Seiten anzusehen. Es bringt nichts, wenn man nach Amerika will, aber in ein Schiff nach Afrika steigt. Es ergibt keinen Sinn, wenn man Pazifist ist, sich einem Heer von Soldaten anzuschließen, das in einen Krieg zieht. Genauso sinnlos ist es, sich dem falschen Partner anzuschließen. Auch das Leben ist eine Reise.

Darum sind Entscheidungen wichtig. Doch bevor man sich entscheidet, sollte man sich Klarheit verschaffen.«

Marie schien sich mit der Antwort nicht ganz zufriedenzugeben.

»Verliebte haben ja nicht selten eine rosarote Brille auf«, sagte sie, »dann sieht man nicht so klar. Der Blick ist verstellt. Man sieht nur das Positive an seinem Partner ... und dann? ... dann wird es doch schwierig eine Entscheidung zu treffen und die Liste hilft dann wohl auch nicht viel, oder?«

»Ja und Nein«, erwiderte Herr Klar. »In gewisser Weise wäre die Situation trotzdem mit unserem Bären aus der Geschichte oder mit einem Drogenabhängigen vergleichbar, denn auch ihr Blick könnte verstellt sein. Auch sie könnten in Hinsicht auf die Drogen eine rosarote Brille aufhaben.

Doch so eine rosarote Brille sitzt hartnäckig und lässt sich nicht so einfach abnehmen. So bleibt einem nichts anderes übrig, als mit der rosaroten Brille anzufangen. Man beginnt dort, wo man steht. Das ist immer der Ausgangspunkt.

Im Falle der Drogen müsste dann ganz oben auf dieser Liste stehen: Geht es mir wirklich gut mit Drogen?

- Bringen mir die Drogen das, was ich mir wünsche?
- Was passiert, wenn ich unter Drogen stehe? Ist es mit einer Party vergleichbar, die ich erlebe? Werde ich zu einem Supermann?
- Wie ist mein Weg, seitdem ich Drogen nehme?
- Inwiefern verändere ich mich, wenn ich Drogen konsumiert habe?
- Wie wirke ich auf meine Mitmenschen?
- Wo geht mein Weg hin?

Wenn dann in der rechten Spalte steht:

- Nein. Leider bringen mir die Drogen nicht das, was ich mir wünsche ...
- Nein, wenn ich Drogen genommen habe, ist es keine richtige Party und ich werde auch zu keinem Supermann. Es geht mir nicht wirklich gut mit Drogen – vielleicht die paar Minuten nach der direkten Einnahme – aber dann eher schlecht ...
- Meine Situation hat sich verschlimmert, seitdem ich Drogen nehme ...
- Ich verändere mich negativ, wirke high ...
- Mein Erscheinungsbild hat sich verschlechtert ...
- Mein Weg führt in den Abgrund und ich weiß nicht weiter ...

Auch da wäre es an der Zeit, sich Gedanken zu machen, wie es weitergehen kann.«
Herr Klar machte eine kurze Pause und ließ das Gesagte wirken. Marie sah ihn erwartungsvoll an.
»Erinnern Sie sich, dass ich zuvor das menschliche Gehirn mit einem Computer verglichen habe und erwähnt hatte, man müsse den HTML-Code ergänzen?«
Marie nickte.
»Darum geht es:
Der Verliebte, der Bär und der Drogenabhängige haben alle einen gemeinsamen Nenner. Sie haben eine Information auf ihrer Festplatte »Speicherort Glück« abgespeichert, die so, wie sie dort steht, nicht richtig ist, da sie unvollständig ist.«
Herr Klar blickte Marie gerade in die Augen.
»Konnten Sie mir bis hierhin folgen?«, fragte er.
»Ja doch«, sagte sie.
»Ich möchte, dass Sie das verstehen. Erinnern sie sich, die meisten Drogenabhängigen hören nicht auf. Das ist der Knackpunkt. Es ist ein Fehler im System.

- Beim Verliebten steht: Ich bin glücklich, weil ich verliebt bin.
- Beim Bär steht: Die Höhle und der Honig machen mich glücklich.
- Beim Drogenabhängigen steht: Drogen machen mich glücklich.

Diese Informationen haben sich an einem Ort abgespeichert, wo ansonsten unsere tiefsten Überzeugungen sitzen. Sie hatten zwar für den Augenblick eine gewisse Richtigkeit besessen, waren aber auf Dauer nicht folgerichtig:

Zuerst hat den Verliebten das Verliebtsein glücklich gemacht – doch dann hat er feststellen müssen, dass seine Liebe nicht erwidert wird, und das hat ihn sehr, sehr unglücklich werden lassen.

Dem Bären hatte das Auffinden der Höhle und des Honigs einen Glücksfall beschert – doch dann hat sich der Honig als giftig herausgestellt.

Und der Drogenabhängige hat vorübergehend die Einnahme der Drogen als Glück erfahren – doch dann wurde er abhängig und landete im Unglück.

Auf der Festplatte »Speicherort Glück« steht somit bei allen dreien eine falsche Information und muss ergänzt werden.

»Aber wie«, fiel Marie ins Wort, »wenn sie doch eine rosarote Brille aufhaben.«

»Es funktioniert so: Man stellt sich Tag für Tag dieselben Fragen, immer wieder und wieder, und prüft sie anschließend auf ihren Wahrheitsgehalt. Wie sind die Dinge wirklich? Man macht eine Wissenschaft daraus, den Dingen auf den Grund zu gehen. Sie würden staunen zu welchen Ergebnissen man gelangt. Derart hinterfragt, ließe sich die ganze Welt auf den Kopf stellen. Nach und nach ergänzt sich dann der HTML-Code, die Information, im Gehirn. Das ist der Knackpunkt.

Drogenabhängige lassen sich in zwei Gruppen unterteilen.

Ein Drogenabhängiger der ersten Kategorie würde vorbringen, ihm ginge es seitdem er Drogen nehme viel besser.«

Herr Klar verschränkte die Hände und überlegte.

Marie wartete gespannt, was nun folgen würde.

»Die Menschen«, erklärte er, »haben eine seltsame Eigenschaft. Sie müssen für ihre eigenen Handlungen immer und überall eine passende Erklärung parat haben. Unbewusst stülpen wir uns die Sichtweisen, Prinzipien, Pflichten und Regeln unserer Gesellschaft über. Fortan sind wir bemüht, diesen Anforderungen zu entsprechen. Weil aber das nicht in jeder Situation möglich ist, suchen wir nach passenden Argumenten und Gründen, damit sich unsere Handlungen erklären lassen und wieder mit unseren Vorstellungen von Recht und Moral in Einklang zu bringen sind. Auf diese Weise stehen wir auf sicherem Boden und werden zu keiner Änderung genötigt. Hin und wieder aufkommende Zweifel werden verdrängt und stattdessen Rechtfertigungen heruntergebetet.

- Ich brauche die Drogen, sonst verfalle ich in Depressionen ...
- Seit ich Drogen nehme, sind meine Ängste weg ...
- Ich weiß nicht, was ich ohne Drogen tun sollte, da nehme ich lieber welche ...
- Ich habe schon sooft versucht, davon wegzukommen, bei mir ist es sinnlos ...
- Meine Gesundheit hält den Entzug nicht aus ...
- Ich bin schon zulange drauf, ohne kann ich nicht ...

- Ich habe schon so viele Entzüge und Therapien hinter mir, hat alles nichts gebracht ...

Hinter solchen Rechtfertigungsmantras verbergen sich übermächtige Ängste. Die Angst vor dem Entzug, vor einem Leben ohne Drogen, vor enormen Problemen – was auch durchaus verständlich ist.
Ein Süchtiger der zweiten Kategorie hingegen würde zwar sagen: Ich weiß längst, dass Drogen nicht gut sind.
Die Gretchenfrage wäre allerdings, wie tief ist das in sein Unterbewusstes vorgedrungen – sagt er das nur so dahin? Ist es nur oberflächliches Gerede? Steht in seinem Inneren ein ganz anderer Glaubenssatz, nämlich, dass Drogen gut sind? Würde man beispielsweise einem Kokser ein Kilogramm reinstes Kokain vor die Nase setzen, der angibt zu wissen, dass Drogen nicht gut sind – ließe sich schnell seine wahre Haltung in Hinblick auf Drogen erkennen: wenn seine Augen zu leuchten beginnen und ein tief erstauntes *Wow* seinem Mund entweicht. Vermutlich würde er das Koks geradeso anstarren, als hätte er einen Goldschatz vor sich liegen. Es geht nicht darum welches »blabla« wir nach außen tragen, sondern welcher Glaubenssatz in unserem Unterbewussten verankert ist.«

Herr Klar setze sich auf.

»Ich könnte Ihnen ein Beispiel aus meinem Leben erzählen«, schlug er vor. »Es passt vielleicht nicht gänzlich, aber zumindest zeigt es die unterschiedlichen Wahrnehmungen sehr gut ...«

»Nur zu«, sagte Marie.

»Vor etwa einem Monat habe ich in der Stadt einen alten Bekannten getroffen. Wir hatten uns fast zwanzig Jahre nicht gesehen. Ich erzählte ihm kurz davon, dass ich mein Leben geändert habe und jetzt clean bin. Darauf erzählte er mir, dass er auch aufgehört habe, es gehe ihm aber jetzt nicht so gut, er wohne in einer Pension und lebe von Hartz IV. Dann grinste er mich an und erzählte mir eine kürzlich erlebte Begebenheit:

In der Pension wohnen wir zu dritt in einem Zimmer, sagte er. Den Luk kennst du wahrscheinlich nicht, aber den Schorsch eventuell ... (ich kannte auch ihn nicht). Am Wochenende haben wir eine Party gefeiert.

(Mein Bekannter kam bis über beide Ohren grinsend an mich heran, dass es mir unangenehm wurde.)

'Weißt schon Koks und 'n bisschen H, flüsterte er. Den Luk hat's arg mitgenommen, der musste danach in die Klinik zur Entgiftung, lachte er. So 'n Zeug war der nicht gewöhnt, war natürlich von einer meiner Connections, hahaha.«

Herr Klar hatte geendet und sah fragend zu Marie.
»Ich werde Ihnen das mal besser verdolmetschen«, sagte er, »damit Sie sich ein klares Bild machen können.
Zunächst hatte mir der Typ ja erzählt, dass er clean sei. In Wahrheit war er aber erst vor einem Monat aus dem Knast entlassen worden und nach seiner eigenen Einschätzung, aufgrund der langen Abstinenz – er saß drei Jahre –, deshalb jetzt clean. Dabei ließ er völlig außer Acht, dass er bereits seinen ersten Rückfall hatte. Die Party, von der er sprach, will ich Ihnen auch kurz schildern, damit sie eine Vorstellung haben, was mein Bekannter unter einer Party versteht. Drei gescheiterte Existenzen sitzen in einem heruntergekommenen Pensionszimmer am Tisch. Auf dem Tisch liegen Spritzen und Drogen. Im Schnitt geben sie sich alle halbe Stunde eine Injektion – im Szenejargon nennt man das einen Hit. Zwischendrin flüstern sie über die gute Qualität von dem Stoff. Die ersten Sekunden nach der Injektion lehnen sie sich zurück. Panik befällt sie, dass

sie sich zu viel gespritzt haben und sie einen Herzinfarkt erleiden könnten. Wenn es dann so richtig reinknallt wird ihnen auch noch übel, weil es dann tatsächlich zu viel war. Trotzdem laden sie sich beim nächsten Hit noch ein paar Krümel mehr auf den Löffel. Dasselbe Spiel beginnt von vorne. Das ist die Gier. Mit jedem Hit versuchen sie den vorigen zu toppen. Doch egal wie viel sie sich in die Venen jagen, das Gefühl, dass sie beim ersten Hit für nicht einmal den Bruchteil einiger Sekunden zu erahnen glaubten, bleibt unerreicht. Sie bleiben hungrig, bis der Stoff zu Ende geht, Streitereien um die letzten Krümel ausbrechen, und sie der Abturn auf den Boden der Tatsachen holt. Dann finden sie sich in ihrem alten trostlosen Leben wieder und fiebern darauf hin, dass sie den nächsten Stoff in die Finger kriegen.«
Marie sah Herrn Klar mit einer Mischung aus Entsetzen und Neugier an.
»Waren sie ein Kokser?«, fragte sie leise.
»Auch«, erwiderte Herr Klar und ließ einige Sekunden verstreichen, ehe er weitersprach.
Haben Sie verstanden, was ich zuvor zu erklären versuchte?«, fragte er und sah Marie direkt ins Gesicht.
»Es geht darum die Wahrheit zu ergründen, sie wirklich an sich ranzulassen, sie mit der inneren Wahrheit in Zusammenhang zu bringen. Die Dinge im Gehirn solange zu ordnen, bis Wissen und Glaubenssatz im Einklang stehen.
Dazu könnte man sich auch verschiedener Techniken bedienen, um schneller Klarheit zu erlangen.«
»Welche Techniken?«, fragte Marie.
»Eine Möglichkeit wäre, sich visuell drei Personen aus seinem Bekanntenkreis vorzustellen, auf deren Meinung man großen Wert legt und sie dann im Geiste auf Fragen,

antworten lassen. Glauben Sie mir, man weiß schon, was sie in etwa zu sagen hätten.

Man könnte sich auch einen Fernrohrmann ausdenken, der einen von oben beobachtet. Vielleicht sitzt er auf einem anderen Planeten und sieht einem bei seinen Tätigkeiten zu. Man könnte sich fragen, was dieser wohl denken würde.«

»Das klingt mir aber jetzt schon sehr nach Esoterik«, wandte Marie ein.

»Mag sein«, sagte Herr Klar, »dass es sich danach anhört, aber in Wirklichkeit sind das sehr dienliche Hilfsmittel, wenn der Geist jahrelang einer falschen Überzeugung aufgesessen ist. In Wahrheit befragen wir damit die Quelle in uns selbst, unser eigenes Gewissen.

Dazu fällt mir ein Zitat von Balzac ein:

Unser Gewissen ist ein unfehlbarer Richter, solange wir es nicht gemeuchelt haben.

Ein Drogenabhängiger sollte sich so fragen:
Sind Drogen schlecht?
Die Antwort wäre ein: Jein.
Begründung: Wenn ein Glas Bier oder ein Glas Wein nicht schlecht sind, kann auch ein Joint mit Cannabis nicht schlecht sein. Darauf ließe sich entgegnen: dass Cannabiskonsumenten häufiger unter Psychosen leiden als Nicht-Kiffer. Dem könnte man entgegensetzen, dass an den Folgen von Alkohol jährlich in etwa 3 Millionen Menschen sterben.
Man könnte sogar einbringen, dass bei uns als sehr gefährlich geltende Drogen, wie beispielsweise die Erzeugnisse der Cocapflanze oder die der Mohnpflanze, wie das Opium, in anderen Kulturen und Zeiträumen, als gar nicht so gefährlich bekannt waren. Vielmehr war das

Gegenteil der Fall: Schon die Indios wussten von der leistungssteigernden Wirkung, die das Kauen der Cocablätter hervorruft und nutzten sie für ihre Boten. Die derart aufgeputscht weite Strecken ohne großartige Pausen zurücklegen konnten. Daneben spielte die Pflanze bei schamanischen Ritualen eine große Rolle und galt sogar als Zahlungsmittel. 1863 erfand Angelo Mariani, ein korsischer Chemiker, einen Süßwein, der ein Extrakt aus Cocablättern enthielt, dessen belebende Wirkung nicht nur von der englischen Königin Viktoria gelobt wurde – Papst Leo XIII war davon so angetan, dass er dem Erfinder eine Medaille verlieh und ihn zum Wohltäter der Menschheit erklärte.

Und im alten China galt ein Opiumraucher sogar als eine hoch angesehene Persönlichkeit.

Der Hintergrund: Opium war teuer und das Opiumrauchen nur der Oberschicht vorbehalten.
So gab es sogar den Ausspruch: »Oh, du großer Opiumraucher«, mit dem die Raucher respektvoll in den Rauchsalons bedacht wurden. Zum Problem wurde das Opium erst, als die Europäer den Handel gewaltsam an sich rissen und es in ihrer gewohnt aggressiven Verkaufspolitik auf den Markt warfen. Plötzlich sprießten die Opiumhöhlen wie Pilze aus dem Boden.
Vielleicht ließe sich in Hinsicht auf Drogen die Regel anwenden: sowohl ... als auch. Sowohl Medizin als auch Gift. Yin und Yang. Oder so wie Paracelsus es ausdrückte: Allein die Dosis macht das Gift. Es geht um das Maßhalten. Und zwar in dieser Weise: Was mache ich und was mache ich nicht. Was probiere ich aus und was nicht. Bei allen Dingen gilt es das Risiko abzuschätzen. Ein Gift würde man nicht freiwillig zu sich nehmen. Genauso sollte man auch mit Giften verfahren, die eine psychoaktive Wirkung haben.

Der Drogenabhängige müsste sich also gar nicht festlegen, ob Drogen gut oder schlecht sind.
Er könnte für sich zu der Einsicht gelangen: Mir tun sie nicht gut! Denn ich bin im Kreislauf des sinnlosen Tuns hängengeblieben wie ein Hamster im Hamsterrad.«
»Möglich, dass Sie recht haben«, sagte Marie.
Herr Klar nickte.
»Allerdings gibt es dabei eine nicht unerhebliche Hürde. Menschen die in eine Drogenabhängigkeit geraten, merken meist sehr schnell, dass ihnen die Drogen nicht nur gut tun, doch damit beginnt das eigentliche Dilemma. Sie möchten davon loskommen, können sich aber nicht vorstellen, ganz darauf zu verzichten. An Weihnachten, Geburtstagen oder zu anderen Anlässen und Gelegenheiten möchten sie sich die Möglichkeit offen halten, Drogen zu nehmen. Das ist ganz einfach erklärt. Sie haben den Drogenrausch als etwas Schönes in ihrem Unterbewussten abgespeichert. Verständlicherweise wollen sie nicht gänzlich darauf verzichten.
Vergleichen lässt sich der Süchtige mit einem Reisenden, der einen Goldklumpen findet. Der Goldklumpen liegt aber in einer schmalen Felsspalte, in die sich nur mit der flachen Hand hineingreifen lässt. Umfasst er aber den Klumpen mit der Hand, ist die Faust zu dick und es gelingt ihm nicht mehr, sie herauszuziehen. So bleibt er vor dem Felsen stehen, den Arm im Spalt, und lässt den Klumpen nicht los. Bei dem vermeintlichen Goldklumpen aber, handelt es sich nur um wertloses Katzengold. Hätte er aufmerksam in den Spalt gesehen, hätte er womöglich seinen Irrtum bemerken können und wäre längst weitergezogen.
Jemand ohne Einfühlungsvermögen käme zu der Auffassung, da sei ein Narr am Werk, während ein empathischer Mensch annehmen würde, der Reisende

habe auf seinem Weg schlimme Entbehrungen hinnehmen müssen oder sei in schwerer Armut aufgewachsen und halte darum so verzweifelt an seinem Fund fest.«
Herr Klar nahm seine Tasse, trank einen Schluck und seufzte.

»Ein Süchtiger ist in seinen Handlungen gefangen wie ein Plattenspieler, dessen Nadel nach jeder Umdrehung über denselben Kratzer hüpft, und der immer die gleiche Liedstrophe abspielt.«

»Jetzt beginne ich zu verstehen«, sagte Marie, »er will und gleichzeitig will er nicht. Aber wie ist der Ausweg aus diesem Widerspruch?«

»Es ist ganz einfach. Man wendet die gleiche Methode an wie schon zuvor. Der Betroffene muss sich immer wieder überlegen – wie ist die Wahrheit?
Was spüre ich wirklich, wenn ich Heroin, Kokain, Crack, Crystal, Mephedron, Speed, MDMA, Kräutermischungen, Cannabis oder andere Substanzen zu mir genommen habe?
Ist es nur das Aufgekratzt sein – der Laberflash – das sich leicht belämmert fühlen – das Völlegefühl in der Magengegend – die halb herabhängenden Augenlieder – das Vergessen der Wirklichkeit für wenige Minuten oder Stunden?

Und vor allem: Bin ich bereit, der Drogensucht mein Leben zu widmen? Es dafür herzugeben? Will ich die Sucht bis zum bitteren Ende mit mir herumschleppen? Nein?
Wenn nicht, wäre es an der Zeit, sich auf die Suche nach einem Weg aus der Sucht zu begeben.«

Herr Klar stellte seine Tasse ab und hob seine Stimme an.

»Was hilft es, sich mit einem Phantom herumzuschlagen, das Sucht heißt. Dieser Kampf lässt sich nur gewinnen, indem man die Waffen streckt und das Schlachtfeld verlässt!«

Dann ließ er einige Sekunden verstreichen, ehe er weitersprach.

»Darum ist es so wichtig, sich Klarheit zu verschaffen. Die Klarheit ist der erste Schritt. Die Entscheidung ist dann nicht weit.

Ein Mensch kann nur schwerlich dauerhaft gegen seine innere Überzeugung handeln. Vermutlich würde er verrückt werden, wenn er das unablässig täte. Stellen Sie sich nur mal einen sensiblen Fleischesser vor, der sich jedes Mal detailgetreu ausmalt, wie die süßen Schweinchen geschlachtet werden. Ihm würde sich doch gewissermaßen der Magen umdrehen, während er sich die Bissen in den Mund schiebt.«

Marie hatte sich nach vorne gebeugt und sah interessiert zu Herrn Klar.

»Und dann hört jemand auf? Ich meine, wenn er diese Klarheit hat, von der Sie gesprochen haben? Sich also all diese Fragen gestellt hat?«, fragte sie.

Herr Klar suchte nach einer passenden Antwort.

»Nein. So einfach ist es natürlich nicht«, antwortete er schließlich. »Man muss sich diese Fragen immer wieder stellen. Oft dauert es, bis man zu einer Klarheit gelangt. Und es braucht auch seine Zeit, bis die Fragen und Antworten an die richtige Stelle gelangen. Vor allem muss man ehrlich mit sich selbst sein. Man muss einen Wunsch entwickeln, die Wahrheit zu ergründen. Anders geht es nicht. Doch wenn der Betroffene den HTML-Code, die Information, in seinem Unterbewussten ergänzt hat, ab da ist es dann ein Weg. Es wäre sozusagen der erste Schritt. Der erste Schritt ist sehr wichtig ...« Herr

Klar warf seine Stirn in Falten und rieb sich nachdenklich das Kinn.

»Obwohl sich auch mit dem zweiten Schritt beginnen ließe«, fügte er murmelnd hinzu. »Trotzdem ist der erste Schritt von überaus großer Wichtigkeit. Ohne ihn ist der Rückfall vorprogrammiert.«

»Der zweite Schritt?«, fragte Marie, »um was handelt es sich dabei – wie funktioniert er?« Herr Klar zeigte auf die Uhr.

»Ich werde ihn Ihnen das nächste Mal erläutern«, sagte er, stand auf und holte seinen Terminplaner vom Schreibtisch.

Herr Klar/ die Überwindung

Wie schon die letzten beiden Male hatte Herr Klar einen Tee zubereitet. Marie hielt ihre heiße Teetasse fest mit den Händen umklammert und lehnte sich zurück. Auf dem Herweg war es bitterkalt gewesen und sie hatte sich beinahe die Finger steifgefroren. Jetzt hoffte sie, ihre Hände wieder etwas wärmer zu bekommen. Herr Klar hatte seinen Schreibblock auf den Knien liegen und ließ den Löffel in seiner Tasse kreisen. Er warf einen Blick aus dem Fenster, draußen fielen die ersten Schneeflocken in diesem Jahr und das Hausdach gegenüber war schon beinahe zugeschneit.

»Sie hatten das letzte Mal vom zweiten Schritt gesprochen«, begann Marie das Gespräch, »ich bin schon sehr gespannt, um was es dabei geht – wie funktioniert er.«
Herr Klar legte den Löffel beiseite und nahm eine bequeme Haltung ein.

»Insgesamt handelt es sich um drei Schritte«, erklärte er. » ...
- Die Reflexion/Klarwerdung
- Die Überwindung
- Das-auf-dem-Weg-bleiben

Doch bleiben wir zunächst bei der Sucht. Es gibt ein buntes Allerlei von Behandlungsweisen gegen die Sucht. Ob durch Anschreien auf dem heißen Stuhl oder unter sanftem Zureden auf dem Sofa; ob bei geleiteten Traumreisen während einer Meditation oder bei knochenharter Arbeit in Feld und Wald; ob mit oder ohne Tabletten; ob mit Sport oder Diskussionsmarathon – die Drogentherapeuten lassen nichts unversucht, um der Sucht Herr zu werden. Etwa ein Drittel der Behandelten bleibt danach für eine Zeit clean – doch der Einstieg in das neue suchtfreie Leben ist zumeist belastet mit Schulden, Arbeitsuche und familiären Problemen und der Rückfall ist dann nicht weit.
Wenn es um eine Drogensucht geht, teilen sich die Meinungen. Die einen sehen im Drogenabhängigen das Problem und versuchen diesen zu therapieren, damit er seine Sucht bezwingen kann. Die anderen sehen das Problem in den Drogen und versuchen den Menschen unverwundbar in Sachen Drogen zu machen. An Ideenreichtum mangelt es beiden Gruppierungen nicht.
In den USA arbeiten Wissenschaftler am Scripps Research Institute im kalifornischen La Jolla an einer Impfung gegen Heroin. Und am Baylor College of Medicine in Houston wie auch an der Bundesuniversität von Minas Gerais in Brasilien forscht man an einem Impfstoff gegen die Kokainsucht.
Ein russischer Militärarzt behauptet, er könne Junkies in 20 Minuten clean bekommen. Hinter Stacheldrahtzaun, in

einem Militärhospital, spritzt er ihnen ein Mittel, das das möglich machen soll. Die Sache hat nur einen Haken – wer sich erneut die Spritze setzt, stirbt sofort.

An der Wissenschaftsakademie im russischen St. Petersburg hält man für Drogenabhängige ein anderes Verfahren parat: Zwei Löcher werden in die Schädeldecke gebohrt und bei einem stereotaktischen Eingriff wird den Süchtigen dann eine Gehirnwindung verödet.

In Israel wird von einem Arzt der Turboentzug angeboten, bei dem die Süchtigen, während eines fünftägigen narkosegestützten Opiatentzugs clean werden sollen.

Und in einem thailändischen Kloster wird mit einem selbstgebrauten Kräutersud der Brechentzug propagiert.

Einige dieser Therapien sind erfolgreicher, andere weniger – doch fragwürdig sind sie alle.

Hört man auf Volkes Stimme, sieht man sich immer wieder mit der Meinung konfrontiert, wer einmal drogenabhängig sei, komme da nie wieder heraus. Während andere, häufig auch die Betroffenen selbst, die Drogensucht herunterspielen und der Ansicht sind, die Süchtigen bräuchten ja nur aufzuhören.

Das rührt daher, dass sie das Ende der Sucht, mit dem Entzug gleichstellen und dabei nicht realisieren, dass sich die Sucht ausschließlich aus zwei Begebenheiten zusammensetzt:

Der im Gehirn abgespeicherten fundamentalen Erfahrung: Drogen machen glücklich.

Und des ebenfalls im Gehirn verankerten Programms, wo Nervenzellen im Gehirn miteinander vernetzt wurden, damit die Vorgehensweise, der Glücksgewinnung durch Drogen, jederzeit wiederholbar ist. Aus dieser Perspektive betrachtet ist der Entzug nur als eine

Unterbrechung anzusehen, die mitnichten das Ende der Sucht bedeuten muss, wenn nicht zuvor im Oberstübchen, die Dinge an ihren rechten Platz gerückt wurden.

Kürzlich brachten sie in einem Wissenschafts-Fernsehmagazin eine Sendung über Sucht, in der bei herkömmlichen Drogenentzugsprogrammen eine Rückfallquote von etwa 90 Prozent angegeben wurde. Das mag zwar etwas überzogen wirken, da ja Betroffene oft mehrmals eine solche Einrichtung aufsuchen. Trotzdem sollte man eine Drogenabhängigkeit nie auf die leichte Schulter nehmen.«

Herr Klar machte eine Pause, setzte sich auf und legte die Hände ineinander.

»Überlegen Sie doch mal«, fuhr er fort, »wenn sich Betroffene sogar freiwillig dazu entschließen, sich einer Operation am Gehirn zu unterziehen, oder sie sich in die Hände eines Militärarztes begeben, der ihnen ein Mittel spritzt, das bei einem Rückfall den Tod bedeutet – dann müssen sie doch schon sehr verzweifelt sein! Was meinen Sie?«

Marie schluckte. Herrn Klars Ausführungen hatten sie mit dem Ernst der Sache konfrontiert.

»Ja schon«, ächzte sie.

Herr Klar fuhr fort:

»Würde man die Sucht ins Reich der Mythologie versetzen, so wäre die Sucht ein riesiger Feuer speiender Drache, der alles in Schutt und Asche legt, was sich ihm entgegensetzt.«

»Und, wie lässt sich der Drache besiegen?«, fragte Marie neugierig, der das Beispiel gefiel.

Herr Klar hatte ein Lächeln auf den Lippen.

»Besiegen? ...« wiederholte er gedehnt und schüttelte den Kopf. »... lässt er sich nicht. Er lässt sich überwinden!«

»Wie ist das zu verstehen?«

»Ganz einfach. Es handelt sich um einen unbesiegbaren Drachen!«

»Ich verstehe nicht?«

»Kein vom Willen geführtes Schwert vermag ihm den Kopf abzuschlagen, kein Stoß ihn niederzuschmettern!«

»Sie meinen, der Wille eines Menschen reicht nicht aus, ihm etwas anzuhaben?«

Herr Klar nickte.

»Sie sagten, er ließe sich überwinden. Wie aber überwindet man ihn?«

»Man füttert ihn nicht mehr!«, sagte Herr Klar lachend.

»Um das aber zu verstehen, muss man wissen, wie der Drache zusammengesetzt ist – von woher er seine Macht bezieht. Und er ist sehr mächtig. Nichts und niemand vermag etwas gegen ihn auszurichten ...«

Marie sah gespannt zu Herrn Klar. Wieder und wieder schaffte er es, sie mit seinen Vergleichen, in den Bann zu ziehen.

»Wie?«, unterbrach sie ihn ungeduldig.

»Sie erinnern sich an die Geschichte mit dem Reisenden?«

»Ja doch.«

»Der Reisende ist der Süchtige. Der Drache hat ihn in eiserne Ketten geschlagen. Der Reisende aber wähnt sich wie in einen warmen Kokon aus Watte gehüllt. Wirft er einen Blick zwischen den Ketten hindurch, sieht er sich mit einer kalten Welt konfrontiert, und er zieht sich in den sicheren Kokon zurück.«

»Doch nun zum Drachen. Drei Dinge haben ihn zu seiner gewaltigen Größe heranwachsen lassen.

Zum einen der Glaube des Reisenden, er halte pures Gold in den Händen.

Als nächstes die Gewohnheit des Reisenden, sich immer wieder daran zu beglücken.

Und als Drittes die Ängste des Reisenden, vor dem, was passiert, wenn er den Goldklumpen loslässt!«

Marie hörte gespannt zu. Plötzlich glaubte sie die Sucht zu verstehen.

Herr Klar fragte: »Haben sie sich schon einmal in die Rolle eines Süchtigen versetzt, von dem verlangt wird, dass er einen Entzug machen soll? Wie würde dieser dem bevorstehenden Entzug entgegensehen?«

»Weiß ich nicht?«

»Versuchen Sie sich hineinzuversetzen.«

»Er hätte Angst?«

»Etwas präziser?«

Marie zuckte mit den Schultern.

»Gut, dann will ich es Ihnen sagen. Er hätte das pure Grauen vor Augen:
Schmerz und Qual wären die Eintrittskarte in den Entzug. Selbstkasteiung, Leiden und Entbehrung, der Weg. Schafft er es den Entzug durchzuhalten, ist der Blick in die Zukunft düster, denn am Ende wartet ein ganzer Haufen ungelöster Probleme auf ihn.«

Herr Klar riss die Arme auseinander.

»Das ist der Drache«, rief er, »das ist seine Drachenkunst: Er spiegelt dem Reisenden seine eigenen Ängste wider – nur hundert Mal gewaltiger, bedrohlicher und erdrückender – richtet ein Süchtiger seinen Blick darauf, erscheinen ihm die Ängste so groß wie ein unbezwingbarer Berg.«

Maries Stirn kräuselte sich, ihre Züge waren sorgenvoll.

»Aber wie kann dieser Berg aus Ängsten dann überwunden werden? Dieses Hindernis hat doch jeder Drogenabhängige vor sich, wenn er clean werden will.«

»Der Drache verliert all seine Macht mit der Abkehr.«

»Was verstehen Sie unter Abkehr?«

»Mit der Abkehr von den Drogen. Mit der Abkehr von der Angst.

Lässt der Reisende, beziehungsweise der Süchtige, den vermeintlichen Goldklumpen nur einen Augenblick los, beginnt der Drache zu wanken. Doch noch immer ist der Süchtige in Ketten geschlagen und jetzt dringen die Ängste bis zu ihm durch, der Kokon schützt ihn nicht mehr – das ist die Macht des Drachen – Er zeigt ihm die Ängste, bläht sie auf, bis sie zu Schreckgestalten werden, und spiegelt sie ihm wider: die Angst vor dem Entzug – die Angst vor den Schmerzen – die Angst vor der Kälte – die Angst vor einer Zukunft ohne Drogen. Doch das ist noch lange nicht sein ganzes Repertoire. Der Drache lässt den Süchtigen die Ängste auch körperlich spüren. Ruhelosigkeit, Anspannung, Kälte und Stress befallen ihn. Sie finden erst ein Ende, wenn er nach dem Goldklumpen greift. Dann kehren Ruhe und Zufriedenheit ein – dies ist die größte Macht des Drachen – über Ruhe und Zufriedenheit zu herrschen.

»Er herrscht über Ruhe und Zufriedenheit?«, fragte Marie.

Herrn Klars Gesicht war ganz ernst geworden.

»Ja, das tut er!«, gab er kopfnickend zur Antwort.

»Will man ihn überwinden, braucht es schon eine List. Eine Art Drachen Kung Fu, mit dem man ihn außer Gefecht setzen kann.«

Herr Klar machte wieder eine Pause.

Marie hatte die ganze Zeit gespannt zugehört, jetzt brannte sie darauf zu erfahren, was es mit dem Drachen Kung Fu auf sich hatte.

»Wie funktioniert es?«, fragte sie.

Ihr Gegenüber schien wieder zu überlegen.

»Der Süchtige ist wie in einer stählernen Falle. Er ist nicht frei in seinen Handlungen. Er muss immer wieder Drogen nehmen. Die Sucht verlangt es von ihm.«

Herr Klar hob seinen Arm und tippte sich mit dem Finger gegen die Stirn.

»Aber hier ist er frei. Sein Geist ist frei. Er wirkt vielleicht etwas eingerostet. Aber er ist beweglich.

Das Drachen Kung Fu ist vor allem ein geistiges Kung Fu.

Man macht sich wieder eine Liste und fängt an, Fragen zu stellen.

- Ist es möglich, dass ich den Entzug überstehe?
- Ist es möglich, dass ich ein Leben ohne Drogen führe?

Dann versucht man die wahrheitsgemäßen Antworten zu ermitteln. Vielleicht recherchiert man im Internet und stößt auf die Lebensgeschichte des blinden Musikers Ray Charles, der alkohol- und heroinabhängig war, aber irgendwann seine Sucht überwand. Oder man stößt auf Marianne Faithfull, die ihr Heroin von demselben Dealer wie Jim Morrison bezog, auch sie schaffte den Absprung, genauso wie David Bowie und viele, viele andere.

- Es muss möglich sein ...
- Es muss funktionieren ...

Der Drache ist ein Wesen der Dunkelheit, im Finsteren liegt seine Macht begründet, die alles lähmende

Angst. Doch das Untier scheut das Licht — Mut, Zuversicht und Hoffnung sind ihm Spinne und Feind.
Zuvor erwähnte ich – kein vom Willen geführtes Schwert vermag ihm den Kopf abzuschlagen. Das ist richtig. Der Glaube ist es, der den Drachen zu überwinden vermag. Ohne den Glauben bleibt der Wille nur ein stumpfes Schwert. Ein Wille muss immer neu begründet werden, vielleicht ist er an einem Tag ausreichend, am nächsten aber schon wieder schwach. Der Glaube an eine Sache und der Glaube an sich selbst ist es, der dem Willen Zauberkräfte zu verleihen vermag. Ziehen Wille und Glaube gemeinsam in den Kampf, sind sie imstande eine ganze Armee in die Flucht zu schlagen.«

»Aber woher den Glauben nehmen?«

»Der Glaube keimt in der Erkenntnis, dass es möglich sein muss, die Sucht zu verlassen.

Wo ein Glaube an etwas Positives entsteht, findet sich Hoffnung. Und wo Hoffnung ist, finden sich Mut und Zuversicht!

Nun fehlt nur noch eines: die Beharrlichkeit. Der Süchtige muss wie eine Pflanze werden, die nicht aufhört, der Sonne entgegenzuwachsen. Sie wächst vielleicht nicht immer gleich schnell, aber stetig.

Mut, Glaube, Hoffnung, Zuversicht und Beharrlichkeit sind die Waffen, die den Drachen überwinden.«

»Sie meinen, dass jeder Süchtige aufhören könnte, süchtig zu sein?«

Herr Klar sah ihr mit einem fraglichen Blick entgegen, dann entstand ein Lächeln auf seinem Antlitz.

»Wir sind Menschen«, sagte er langsam. »In uns allen brennt dasselbe Licht!«

Dann wurde sein Gesichtsausdruck wieder ernster.

»Das Drachen Kung Fu ist ein Dreiklang.

- das Loslassen des vermeintlichen Goldes, bringt den Drachen ins Wanken
- Mut, Glaube, Hoffnung, Zuversicht und Beharrlichkeit überwinden ihn.
- Das-auf-dem-Weg-bleiben lässt ihn nicht von Neuem erstarken.

Die Frage: Ist es möglich, dass ich den Entzug bestehe? treibt ihm den Schrecken in alle Glieder. Der Versuch alleine, reißt ihn von den Beinen – wirft ihn nieder, als wäre er vom Blitzschlag getroffen. Der erste Schritt in diese Richtung, lastet auf ihm wie ein tonnenschwerer Fuß. Die Ketten zerspringen.«
Marie wirkte etwas enttäuscht.

»Und das ist das Drachen Kung Fu?«
Herr Klar nickte.

Marie überlegte, sie hatte die Erklärung mit dem Drachen Kung Fu als einleuchtend empfunden, aber es war anstrengend sich so viele Gedanken zu machen und sie war nicht ganz überzeugt, dass Max so einen festen Willen entwickeln könnte, wo doch der Griff nach dem vermeintlichen Gold – wie Herr Klar die Drogen in seinem Vergleich genannt hatte – so leicht war.

»Doch was tun, wenn Zweifel herrschen – wenn der Glaube zu schwach und der Mut nicht ausreichend ist?«, fragte sie.
Herr Klar lächelte als hätte er auf den Einwand gewartet.

»Das Drachen Kung Fu ließe sich noch um ein Vielfaches verstärken.«
Marie blickte Herrn Klar fragend entgegen.

»Wie soll das funktionieren?«
Herr Klar tippte sich wieder mit dem Finger gegen die Stirn.

»Mit Suggestion«, sagte er.

Marie hatte den Begriff schon einmal gehört. Sie wusste, dass Suggestion irgendwie etwas mit der Vorstellungskraft zu tun hatte, mehr aber nicht.

»Können Sie mir auf die Sprünge helfen, um was es sich dabei handelt?«

»Gerne«, sagte Herr Klar. »Haben Sie schon einmal »Die Selbstbemeisterung durch bewusste Autosuggestion« von Émile Coué gelesen, oder »Die Macht ihres Unterbewusstseins« von Dr. Joseph Murphy?«

Marie schüttelte den Kopf.

»Dann will ich Ihnen die Methode der Suggestion kurz schildern.

Émile Coué war ein französischer Apotheker. Er fand heraus, dass seine Medikamente besser halfen, wenn er seinen Kunden die Wirksamkeit der Arzneien mit ruhig und beharrlich gesprochenen Worten einredete – mit dieser Arznei werden sie sicher wieder ganz schnell gesund, sagte er zu ihnen – und tatsächlich wurde ein Großteil seiner Patienten wieder gesund – seine Erfolge sprachen sich herum. Immer mehr Menschen strömten zu ihm. Er lehrte sie die Methode, wie sie sich die Worte selbst einflüstern konnten – ich habe keine Heilkraft, sie selbst haben sie, sagte er zu ihnen. Bald stand er nicht mehr in seiner Apotheke, sondern füllte ganze Hallen mit Vorträgen über die Selbstheilkunst mittels der Suggestion.

Coué hatte die heilspendende Wirkung segensreicher Worte auf die Selbstheilungskräfte erkannt. Mittlerweile ist diese Erkenntnis durch zig wissenschaftliche Studien belegt.

Ich will Ihnen ein Beispiel geben. Man sagt sich immer wieder dieselben Sätze vor:

- ich habe mich von der Sucht befreit
- ich empfinde wunderbare Kraft und Gesundheit
- mein Leben ist erfüllt von Frieden und Harmonie

Während man diese Sätze wiederholt, sollte man sich bildhaft vorstellen, alles sei schon eingetreten.

»Ich habe mich von der Sucht befreit« – hier könnte man sich vorstellen, wie man aus einem Bergwald, in die Sonne tritt.

Der Bergwald versinnbildlicht den Entzug – das ankommen in den Sonnenstrahlen, den Entzug hinter sich gelassen zu haben.

»Ich empfinde wunderbare Kraft und Gesundheit« – hier könnte man sich beispielsweise, bei einer schönen Fahrradtour sehen.

»Mein Leben ist erfüllt von Frieden und Harmonie« – hier könnte man visualisieren, auf einer Almwiese im Sommer zu liegen und in den Himmel zu sehen. Ist es Winter, stellt man sich vor, wie man durch eine märchenhaft schöne Schneelandschaft spaziert.«

Herr Klar machte eine Pause und dachte einen Augenblick nach.

»Sie können sich die Wirkung der Suggestion in etwa so vorstellen«, erklärte er, »wie wenn nachts in einem dichten Wald die Finsternis eingesetzt hat. Alle Wege sehen gleich aus und man findet nicht mehr heraus. Schlägt man die falsche Richtung ein, läuft man Gefahr, sich noch tiefer im Wald zu verirren. Doch plötzlich tritt der Mond hinter einer Wolke hervor. Im hellen Mondschein ist der Weg deutlich zu erkennen und das Ende des Waldes liegt bereits in Sicht.

Das ist die Kraft der Suggestion, sie zeigt den Weg und lässt das Ziel in einem hellen Licht erstrahlen.«

Marie hatte gespannt zugehört, sie hatte sich daran erinnert, dass ihr schon einmal eine gute Kollegin ein Buch über Autosuggestion empfohlen hatte.

»Und das hilft?«, fragte sie.

»Helfen?«, antwortete Herr Klar und lachte. »Wenn man diese Technik richtig anwendet, wird sie wahre Wunder bewirken. Doch es ist äußerst wichtig, dass man gewissenhaft dabei vorgeht. Am besten man konzentriert sich und versetzt sich in einen ruhigen Zustand, ehe man anfängt. Dann wiederholt man die Sätze wie ein Mantra, währenddessen lässt man vor dem geistigen Auge die Bilder entstehen. Manche Menschen tun sich mit einer Visualisierung vor dem inneren Auge leichter, als andere. Je nach Fähigkeit, genügt es auch, wenn man die Bilder vereinfacht, und sich vielleicht nur vorstellt, dass man von der Sonne angestrahlt wird. Coué rät übrigens die Sätze zwanzigmal hintereinander halblaut aufzusagen und das jeden Tag vor dem Schlafengehen und nach dem Erwachen. Murphy ist da nicht so genau, empfiehlt aber zuweilen, sie solange aufzusagen, bis man eingeschlafen ist. Murphy schreibt, dass sie an dieser Stelle am schnellsten ins Unterbewusste übergehen. Und ehe man sich versieht, ist die Autosuggestion zur Wirklichkeit geworden und man ist clean – ganz ohne großartige Anstrengung.«

Marie sah ihn mit großen Augen an.

»So einfach soll es sein«, fragte sie ungläubig.

»Sonst säße ich nicht hier«, sagte Herr Klar.

Verdutzt starrte Marie zu Herrn Klar.

»Sie meinen, Sie haben so aufgehört Drogen zu nehmen?«

Herr Klar nickte und machte dann ein ernstes Gesicht.

»Doch wenn Sie sich dafür interessieren, sollten Sie unbedingt ein Buch darüber lesen. Die Autosuggestion ist eine Wissenschaft für sich. Ich wollte Ihnen nur einen kurzen Überblick gewähren. Meine Anleitung ist keinesfalls vollständig und zum Nachahmen tauglich. Lesen Sie doch Coué oder Murphy. Sie werden es nicht bereuen.

Das meinte ich übrigens damit, als ich erwähnte, man könne den zweiten Schritt auch vor den Ersten setzen, dass man mit der Suggestion beginnt und danach, oder am besten währenddessen mit der Reflexion. Doch zuvor sollte man den aufrichtigen Wunsch hegen, sich von der Sucht befreien zu wollen. Hat man diesen aber nicht, sollte man unbedingt die Freiheit von Zwängen in seine Suggestion mit einbauen.«

»Aber der Entzug«, wandte Marie ein, »die wahnsinnigen Schmerzen – was ist damit – sie gehen doch nicht einfach mit der Suggestion weg – oder etwa doch?«

»Ich kannte eine Frau«, erzählte Herr Klar, »sie war um die dreißig, als sie sich entschloss, mit den Drogen aufzuhören und den Entzug anging. Sie war seit ihrem achtzehnten Lebensjahr schwer heroinabhängig. Am dritten Tag hatte sie der Entzug voll im Griff. Ich sah sie mit dem Kopf gegen die Wand rennen – ich halte das nicht aus, rief sie hysterisch heulend – ich halte das nicht aus ... Immer wieder schlug sie mit ihrem Kopf gegen die Wand. Noch am selben Tag verschaffte sie sich die Erleichterung durch einen Schuss Heroin. Ein paar Tage später empfahl ich ihr, es mit Autosuggestion zu versuchen und schenkte ihr das Buch von Murphy. Keine drei Wochen darauf, ging sie den Entzug erneut an. Diesmal war sie während des Entzugs sogar mit uns auf einem Rockkonzert. Die Entzugserscheinungen waren zwar nicht weg, aber sie waren erträglich geworden.«

Herr Klar zuckte mit den Achseln.

»Warum das so ist, kann ich Ihnen nicht genau erklären. Ich denke, dass es damit zusammenhängt, wie weit man sich innerlich von dem Gedanken Drogen zu nehmen, gelöst hat. Sieht man den Drogen vor dem geistigen Auge schmachtend entgegen – ich würde so gerne, darf aber nicht – wird der Entzug zu einer zermürbenden Tortur, die in der Regel mit einem Rückfall endet. Hält man seinen Blick aber auf eine drogenfreie Zukunft gerichtet und freut sich darüber, endlich von den Drogen loszukommen, hat der Entzug die größte Intension verloren und die Symptome werden ertragbar.«

Es klopfte an die Bürotür. Eine Mitarbeiterin der Beratungsstelle steckte ihren Kopf herein.

»Sie haben Besuch«, sagte sie mit gedämpfter Stimme.

»Danke«, sagte Herr Klar und sah auf die Uhr. »Ach herrje, wie schnell doch die Zeit vergangen ist ...«
Dann wandte er sich zu Marie zu. »Das-auf-dem-Weg-bleiben muss ich Ihnen leider das nächste Mal erklären«, sagte er, während er sich erhob und zu seinem Schreibtisch ging. Er blätterte seinen Terminplaner durch. »Ginge es nächste Woche dienstags bei Ihnen? ...«

Herr Klar/ das-auf-dem-Weg-bleiben

Marie strich sich eine Strähne nasser Haare aus den Augen. Draußen regnete es in Strömen. Obwohl sie nur vom Auto über die Straße gegangen war, hatte sie der Regen vollkommen durchnässt.

»Oh je, Sie sind ja ganz schön nass geworden«, begrüßte sie Herr Klar und half ihr aus dem Mantel.

»Es war schon spät und da habe ich in der Eile nicht an den Regenschirm gedacht.«

»So hätten Sie sich nicht zu beeilen brauchen. Es ist erst 5 Minuten vor 17 Uhr und wir waren um 17 Uhr verabredet. Außerdem, wenn Sie sich ein paar Minuten verspätet hätten, wäre das auch nicht weiter schlimm gewesen.«

Herr Klar ließ Marie in seinem Büro Platz nehmen und ging noch einmal in die Küche des Beratungszentrums, als er zurückkam, reichte er ihr eine Tasse heißen Tee.

»Hatte ich es richtig in Erinnerung«, sagte er, »zwei Stück Zucker?«

»Danke, Sie sind sehr aufmerksam«, bejahte Marie.

Erst jetzt ließ sie ihren Blick im Büro umherschweifen. In der Ecke stand ein Umzugskarton. Auf dem Schreibtisch lag ein Stapel Blätter. Die Bilder waren abgehängt und standen an die Wand gelehnt am Boden.

»Ziehen Sie in ein anderes Büro um?«, fragte Marie.

»Nein, ich habe gekündigt.«

»S-sie wollen aufhören hier zu arbeiten?«, stotterte Marie, »aber sie sind der beste Drogenberater den ich kenne.«

»Sie kennen nicht viele Drogenberater, nicht wahr?«

»Schon«, murmele Marie, »aber ich finde es unendlich schade ...«

Herr Klar zuckte mit den Schultern und lehnte sich mit seiner Tasse Tee in der Hand im Sessel zurück.

»Zuletzt hatten wir über die Meisterung des Entzugs, mithilfe der Suggestion gesprochen ...«, sagte er.

Marie nickte.

»Ich habe mir ein Buch über Autosuggestion gekauft«, sagte sie, »wenn ich es gelesen habe, will ich es Max geben.«

»Ich denke, dass Sie nicht enttäuscht sein werden«, sagte Herr Klar, »es ist auf alle Fälle förderlich, sich einmal damit zu beschäftigen.

Ich habe mir noch einmal überlegt, warum die Methode der Suggestion bei einem Drogenentzug so hilfreich sein kann und bin zu folgender These gelangt: Die tägliche Einnahme von Drogen ist schon alleine aufgrund der ganzen Streckmittel für den Organismus schädlich. Beispielsweise weist auf der Straße gehandeltes Heroin oder Kokain im Idealfall einen durchschnittlichen Reinheitsgrad von rund 25 Prozent auf – die restlichen 75 Prozent sind Streckmittel. Doch es geht auch anders: 7 Prozent Heroin, 93 Prozent Streckmittel. Von Lidocain, Coffein, Paracetamol – bis hin zu Strychnin, Blei, Quecksilber und Haarspray, finden sich alle möglichen Substanzen in den Drogen. Der Phantasie der Dealer sind keine Grenzen gesetzt. Übrigens eine Folge des Verbots. Damit nicht genug, richtet die Strafverfolgung noch weiteren Schaden an. Aufgrund der Illegalität wird der Drogenabsatz von harten Geldmachern gemanagt. Um an den Stoff zu gelangen, müssen Drogenabhängige tagtäglich Summen auftreiben, die sich in der Regel auf normalem Weg nicht beschaffen lassen. Überschuldung, Obdachlosigkeit und Beschaffungskriminalität resultieren daraus. Zwischen Polizeipräsenz, Drogenszene und Notschlafstelle findet sich nicht immer ein hygienischer Ort für den Konsum, genauso wenig wie eine sterile Spritze. Und da in der Politik fast einhellig die Meinung herrscht, man solle den Drogenkonsum nicht noch erleichtern, werden Drogenkonsumräume, wo steriles Spritzbesteck bereitliegt, bis auf wenige Ausnahmen, kategorisch abgelehnt. Somit sind Krankheiten wie Aids und Hepatitis, infolge

infizierter Spritzbestecke, keine Folge der Sucht, sondern des Verbots ...«
Marie unterbrach ihn.

»Aber Max spritzt doch nicht?«, fragte sie erschrocken.

»Nein. Nach meinem Wissen nicht. Aber er bewegt sich in einer Szene, wo das zum Alltag gehört.«
Marie schluckte.

»Ich wollte ihnen nur vor Augen führen, in welcher Stressspirale sich Drogenabhängige befinden.

Ein Leben, gedrängt an den Rand der Gesellschaft, bestimmt durch Verbote, verfolgt durch Staatsorgane, bedroht von Krankheiten, bevormundet von Suchthilfeinstitutionen – und immerzu zwischen Rausch und Verzweiflung.

Selbst der gesündeste Mensch, ohne jedes Gebrechen, wäre anhand von so viel Stress gefährdet, krank zu werden. Burnout, Depression, Lebensunlust, Herz- oder Kreislauferkrankungen könnten die Folge sein.
Jedes Wesen strebt nach körperlicher und geistiger Gesundheit. Ergibt sich ein Zwiespalt im Handeln eines Menschen, wenn er beispielsweise eine ungesunde Lebensweise angenommen hat, gibt es eine Instanz im menschlichen Bewusstsein, die das erkennt. Und diese Instanz – das unterbewusste Selbst – strebt nach Heilung. Wird nun mithilfe der Autosuggestion, der Wunsch ins Unterbewusste transportiert – heil zu werden – stellen inneres und äußeres Begehr wieder eine Einheit dar. Ein überaus machtvolles Streben, dem sich das ganze Universum des Seins anschließt. Darum funktioniert die Autosuggestion bei einer Drogensucht so hervorragend.
Anders als bei körperlichen Krankheiten, braucht ein suchtkranker Mensch nur zwei Dinge zu tun, um Heilung

zu erfahren. Das Ziel seiner Begierde aufgeben und sein Handlungsmuster ändern.«

Ein Lächeln umspielte Herrn Klars Lippen.

»Eigentlich wollte ich Ihnen ja das-auf-dem-Weg-bleiben erklären«, sagte er. »Ich werde wieder das Beispiel mit dem Drachen verwenden. Denn der Drache ist noch lange nicht überwunden, müssen Sie wissen ...«

Maries Gesicht zeigte einen amüsierten Zug.

»Mir gefällt die Veranschaulichung anhand eines Drachens sehr gut«, sagte sie.

»Gehen wir in unserem Beispiel davon aus, der Süchtige hätte nun den Entzug überstanden. Einerseits ist er sehr froh darüber, andererseits aber befindet er sich auf absolutem Neuland. Den Sieg hat er zwar errungen, aber der Entzug hat ihm alle körperlichen und mentalen Kräfte abverlangt. Nun ist er körperlich wie auch seelisch am Ende. Fühlt sich vollkommen ausgelaugt, schwach und gebrechlich und so endlos leer. Seine Akkus stehen auf Null. Selbst sein Wille hat gelitten. Wenn sein Ziel zuvor noch ganz deutlich in seinen Gedanken zu erkennen war, so ist es jetzt nebulös. Der wärmende und schützende Kokon ist verschwunden, stattdessen sieht er sich mit der kalten Realität konfrontiert. Alles was er zuvor zu verdrängen versucht hat, dem ist er nun schutzlos ausgeliefert.

Der Blick in die Zukunft, ist für ihn ein schwarzes unheilverkündendes Loch. Ein ganzer Haufen ungelöster Probleme wartet: Überschuldung, polizeiliche Ermittlungsverfahren, offene Gerichtsverhandlungen, vernachlässigte Bewährungsauflagen, gesundheitliche Probleme, drohende Versagung von Sozialleistungen, fehlende Krankenversicherung, oder der bevorstehende Rauswurf aus Derselben, ungelöste zwischenmenschliche

Konflikte – die Liste möglicher Schwierigkeiten kann lang sein.

Hilfe gibt es oft nur auf dem Papier, schön dargestellt auf Hochglanzprospekten sozialer Einrichtungen. In der Realität heißt das für unseren Süchtigen, sich die Hacken ablaufen und Anträge stellen. Nicht unbedingt die Königsdisziplin eines Drogenabhängigen, der gerade eben den Entzug hinter sich gebracht hat. In all diesem Ungemach zeigt sich der Drache. Doch nun hat sich der Drache auf eine neue Schliche verlegt: Er hat sich herausgeputzt und präsentiert sich als bester Freund. Sein Gold hat er fein poliert, dass es in den schönsten Schattierungen blinkt und glänzt. »Willst du es mal anfassen?«, säuselt er mit seiner süßesten Giftstimme und hält es dem Süchtigen entgegen. Wenn der Süchtige zögert, sagt er: »Deswegen musst du dir doch keine Sorgen machen. Einmal ist keinmal! Komm in meine Nähe, bette dich neben mich. Du bist absolut frei, kannst jederzeit wieder gehen, wann immer es dir beliebt. Doch jetzt gönn' dir ein wenig Ruhe. Nach all dem schrecklichen Kampf, hast du dir die Entspannung redlich verdient. Längst hast du bewiesen, dass du jederzeit aufhören kannst. Komm zu mir und greife nach dem Gold ...« An dieser Stelle kommt dem Süchtigen die Erinnerung, wie er einst vollkommen zufrieden und gelöst in dem Kokon gelegen hatte... «

Der Drache säuselt weiter:

»Danach kannst du dich ja wieder ins Schlachtfeld werfen und den Kampf erneut aufnehmen – aber nun nimm dir Zeit und lasse es dir einmal so richtig gut gehen – wie gesagt: einmal ist keinmal ... verschaffe dir ein bisschen Wohlbefinden ...«

Marie schnaufte.

»Der Drache ist ein hundsgemeiner Kerl.«, sagte sie aufgebracht.

»Ja, er ist wirklich hundsgemein ...«, antwortete Herr Klar und ließ eine kleine Pause entstehen.

» ... Aber Ihnen ist schon klar, dass es überhaupt keinen Drachen gibt?«

»Ja, irgendwie schon«, erwiderte Marie.

»Es sind die Gedanken.«

»Die Gedanken?«, fragte Marie.

»Die Gedanken«, bestätigte Herr Klar. »Sie verführen ihn!«

»Aber mit welcher Absicht?«, fragte Marie.

»Es ließe sich so erklären. Die Gedanken folgen nur einer Logik. Sie kommen, wie sie es gewohnt sind aufzutauchen. Vergleichbar wären sie mit einer endlosen Kette von Fahrzeugen, die alle zu derselben Veranstaltung fahren. Ist die Veranstaltung vorbei, wird die Autobahn immer leerer. Im übertragenen Sinn, hieße das, wenn der Süchtige, den Gedanken an die Drogen, keinen Wert mehr beimisst, werden sie immer weniger, bis sie eines Tages ganz ausbleiben.

Doch zunächst sind sie genauso, wie ich sie in dem Beispiel mit dem Drachen geschildert habe.

»Einmal geht schon«, reden sie. »Einmal ist keinmal.« Aber das ist noch lange nicht alles. In kurzen Projektionen werden vor dem inneren Auge Bilder gezeigt. Wie der Betreffende an das Geld kommt – wo die Dealer zu finden sind. In Bruchteilen von Sekunden liefern die Gedanken einen perfekt detaillierten Plan, teils mit mehreren Optionen gleichzeitig. Hat der Betroffene noch genügend Willen, schiebt er die Gedanken beiseite. Doch das wirkt nur kurz. Sie nisten sich bei ihm ein. Lauern im Verborgenen. Und langsam, ohne dass er es merkt, spinnen sie an der Idee weiter und hecken einen perfekten Plan aus. Vielleicht ist der Betroffene in Gedanken versunken, als er es bemerkt, wird ihm klar, dass er schon mehrere Minuten über den Rückfall sinniert hat. Wieder schiebt er die Gedanken fort. Er darf nicht. Doch sie tauchen immer wieder auf. Mit jedem Mal wird der Betreffende unruhiger, kalter Schweiß bildet sich schon unter seinen Achseln und an den Handinnenflächen. Immer wieder reden sie: »Einmal ist keinmal. Nur ein Zug – eine Nase – ein Schluck – ein Hit – nur ganz wenig – bei einem Mal kommst du nicht wieder drauf.« Und irgendwann haben die Gedanken gesiegt. Der Betroffene ist wieder unterwegs, sich Drogen zu besorgen.

»Einmal geht schon«, redet er sich ein, »dann höre ich wieder auf. Jetzt weiß ich ja, wie's funktioniert.«
Marie atmete schwer.

»Aber wie ist der Ausweg aus diesem Dilemma?«, fragte sie.

Herr Klar setzte sich auf. Seine Hände hielt er zu Fäusten geballt vor den Bauch.

»Er darf die Gedanken nicht beiseite schieben«, sagte er, »sondern er muss sie nehmen und ihnen ein entschiedenes – Nein! – entgegenschmettern.
Er muss sich vergegenwärtigen, warum er von der Drogensucht loskommen will. Sich alle Gründe, die dafür sprechen, erneut vor Augen führen, bis sein Entschluss wieder felsenfest steht.
Für die Drogensucht spricht nur ein Grund – sich aufgeben. Für ein cleanes Leben ließen sich unzählige Gründe finden. Das ist das fiese am Ausstieg einer Suchterkrankung, einmal kurz nachgeben, ein einziger Rückfall reicht aus und man ist sofort wieder im alten Kreislauf gefangen.

Doch gesetzten Falls unser Süchtiger hätte auch diese Schwierigkeit überwunden. Er hätte den verführerischen Gedanken ein unumstößliches »Nein!« entgegnet. Er wäre sogar standhaft geblieben, als er eine längst verlorengeglaubte Droge in seiner Jackentasche fand, und sie in der Toilette entsorgt. Sogar als ein Dealer mit frischem Stoff bei ihm auftauchte, hätte er es geschafft, ihm klar zu machen, dass er aufgehört hat und hätte ihn wieder fort geschickt. All diesen Verführungen hätte er widerstanden. Und nicht nur das, er hätte wieder neuen Lebensmut geschöpft. Dass er den Entzug überstanden hat, hätte ihm so eine Kraft gegeben, wieder den Glauben an sich selbst zu finden. Voller Elan würde er seine Belange angehen.
Vielleicht würde er in den nächsten Wochen oder Monaten sogar seine Wohnsituation verbessern, fände ein bezahlbares Apartment; bekäme das mit dem Arbeitslosengeld auf die Reihe; fände einen annehmbaren Job; vielleicht sogar einen neuen Lebenspartner – kurzum, alles würde sich zum Guten wenden.
Doch nach und nach, ohne dass es ihm richtig klar wird, wieso und warum, geht es ihm immer schlechter. Er ist seelisch am Ende, alles wird ihm zufiel, er befindet sich nur noch im Leiden. Es vernagelt ihm richtig die Sicht. Plötzlich wirkt alles zäh und unendlich mühsam. Es zieht ihm den Boden unter den Füßen weg. Und jetzt taucht der Drache wieder auf und hält ihm sein Gold entgegen. »Willst du es mal anfassen?«, säuselt er verführerisch.

»Warum ist das so?«, fragte Marie.

»Das ist die Natur der Sucht«, sagte Herr Klar.

»Der Süchtige ist wie jeder andere Mensch ein Glücksritter. Wir alle sind Glücksritter. Es gibt im Wesentlichen nur zwei Dinge die einen Menschen bestimmen. Wir wollen Glück erfahren und Leid vermeiden. Der Drogenabhängige unterscheidet sich nur in einem von einem nicht süchtigen Menschen. Er hat irgendwann begonnen sich das Glück in Form einer berauschenden Substanz zuzuführen. Bildlich gesehen greift er danach. Er nimmt es und führt es sich zu. Das ist die Drogensucht, sich das Glück, durch den Griff nach einer Substanz, einzuverleiben. Will er clean werden, muss er aufhören danach zu greifen und sich sein Glück wieder auf herkömmliche Art beschaffen. Und das ist auch die Stolperfalle, an der viele Süchtige scheitern. Sie hören mit den harten Drogen auf und irgendwann fangen sie mit Alkohol an, oder mit dem Kiffen, oder mit Tabletten, oder alles zusammen. Vielleicht gelingt es ihnen sogar, die Dosis niedrig zu halten, nicht so abzustürzen wie zuvor und möglicherweise finden sie sogar eine Art, wie sie dauerhaft mit der Sucht leben können. Aber sie haben sie trotzdem nicht überwunden, der Weg in eine glückliche Zukunft sieht anders aus! Es ist mehr so wie bei einer Ehe, wo man sich mit dem falschen Partner einlässt; man hat ihn an der Backe, er vermiest einem das Leben, und man wird ihn nicht wieder los.

Man verlässt die Sucht erst, wenn man andere Wege zum Glück findet. Genauso wie man Wege finden muss, um eventuelles Unglück zu bewältigen. Selbst der kleinste Griff nach einer Substanz kann noch nach Jahren wieder den Weg zurück in die Sucht bedeuten. Warum also einen Tanz auf Messers Schneide vollführen, wenn es anders auch geht.«

»Ich verstehe«, sagte Marie, »aber wie wird man glücklich?«

Herr Klar lächelte und tippte sich wieder mit dem Finger gegen die Stirn.

»Man braucht dazu wiederum eine Art Kung Fu«, sagte er. »Das Kung Fu des Glücks!«
Er winkelte seinen Arm ab, spannte die Muskeln an und zeigte auf seinen Bizeps.

»Doch diesmal benötigt man dazu Körper und Geist!«

»Und wie funktioniert der Weg zum Glück?«

»Kein einziger Mensch kann den genauen Weg zum Glück definieren. Jeder muss seinen eigenen finden.«
Marie verzog leicht das Gesicht.

»Das weiß ich auch«, sagte sie.

»Ja, aber der Weg zum Glück lässt sich schon mal eingrenzen«, erwiderte Herr Klar. »Vereinfacht könnte man sagen: Die Empfindung von Glück ist die Summe aus Erleben, Denken und Tun.
Da wir aber ständig erleben, denken und tun, ist das Glücksempfinden genauso diesem Fluss unterworfen. Und da das Denken und Handeln auf das Erleben eine unmittelbare Auswirkung hat, lässt sich im Umkehrschluss, das Erleben durch unser Denken und Handeln maßgeblich beeinflussen. Erleben wir das Leben als leidvoll, können wir als freie Menschen mithilfe unseres Denkens und Handelns das Leben in andere Bahnen leiten. Das ist die gute Nachricht: Wir sind dem Leben nicht hilflos ausgeliefert, sondern haben einen direkten Einfluss darauf.«
Herr Klar überlegte. »Ich könnte Ihnen wieder ein Beispiel erzählen«, sagte er.

»Nur zu«, erwiderte Marie.

»Einmal kam ein Mann zum Beratungsgespräch. Er war etwa vierzig Jahre alt und seit über zwanzig Jahren schwer drogenabhängig. Wie er mir erzählte, hatte er mit Cannabis angefangen, das aber bald als langweilig empfunden und mit anderen Drogen zu experimentieren begonnen. Irgendwann war er dann bei harten Drogen wie Crystal, Kokain und Heroin gelandet. Nach einem zweijährigen Gefängnisaufenthalt, wegen Einfuhr von Betäubungsmitteln in nicht geringer Menge – man hatte ihn an der holländisch-deutschen Grenze mit je 100 Gramm Kokain und Heroin aus dem Nachtzug gezogen – war er ins Methadonprogramm gegangen.

Das Methadon hatte nicht so richtig gekickt und darum hatte er angefangen, die Dosis mit ein paar Bier zu toppen. Kurz darauf kamen zu den Bieren noch Flachmänner. Und als er zu mir kam, war er nun seit zwanzig Jahren drauf, nahm jeden Tag 15 Milliliter Polamidon und trank dazu noch eine ganze Flasche Wodka. Seine Venen an Hals, Armen und Beinen waren von den ganzen Einstichen so vernarbt, dass ihm selbst der Arzt kein Blut mehr abnehmen konnte. Die Gegend um die Leisten hatte es besonders schlimm erwischt. Zahlreiche Narben von alten, teils chirurgisch behandelten Abszessen, sprachen ganze Bände von Heroin- und Koksexzessen mit der Injektionsnadel. Nach einem Arterienverschluss war er nur mit knapper Not einer Beinamputation entgangen. Aber die Venen hatten gelitten, weswegen er sich jeden Abend vor dem zu Bett gehen Thrombose-Strümpfe anziehen musste.

Kurz und gut, er war der fertigste Typ der jemals durch diese Türe gekommen ist. Um mir ein Bild von seiner Situation machen zu können, ließ ich ihn erst mal erzählen. Er redete wie ein Maschinengewehr und fast ohne Luft zu holen. Ich erfuhr, dass er bei seiner Oma aufgewachsen war, und dass sie aufgrund von Erziehungsfehlern schuld daran war, dass er mit den Drogen angefangen hatte. Der Meister in der Lehre, war dann auch wieder schuld, dass er sie vorzeitig abgebrochen hatte. Als nächstes war dann noch seine Ex-Freundin schuld, dass er auf die schiefe Bahn geraten war; dann der Richter, der ihn ins Gefängnis steckte, wo er erst die richtigen Kontakte knüpfte; und der Arzt im Ersatzdrogenprogramm, der ihn mit der Dosis zu hoch eingestellt hatte, weswegen er dann so richtig draufkam. Und so zog sich das durch sein ganzes Leben, bis zu dem Augenblick, wo er zu mir kam, was aufgrund von Gerichtsauflagen geschehen war. Nach dem ersten Beratungsgespräch fühlte ich mich, als ob man mir einen Hammer auf den Kopf geschlagen hätte. Ich war so platt, dass ich abends noch eine Stunde joggen ging, damit ich wieder einen freien Kopf bekam. Drei Termine ging das so. Und jedes Mal redete er auf mich ein wie ein Wasserfall. Wenn er nicht gerade über seine unmittelbaren Mitmenschen schimpfte, ließ er sich über die Politik aus, über den Polizeistaat, oder aber die Ärzteschaft. Dessen ungeachtet entdeckte ich eine sympathische Seite an ihm. In der Art wie er seine Missgeschicke schilderte, lag eine gewisse Selbstironie, was mir gefiel. Und so kam ich nicht umhin, an seinem Schicksal mitzufiebern. Vor allem weil er sich immer wieder in Schwierigkeiten verstrickte. Er hatte eine offene Bewährung, gerade eine Wohnung gefunden und konnte nun von der Notschlafstelle in ein schönes Appartement ziehen. Aber nein, sie hatten ihn wieder bei einem Diebstahl erwischt. Das dritte Mal während der Bewährungszeit und der Richter hatte ihm schon das letzte Mal angedroht, wenn er noch einmal einen Diebstahl begehen würde, käme er umgehend in den Knast. Ohne dass ich es wollte, sah ich in einem Gefängnisaufenthalt sogar wieder etwas Hoffnung für ihn. Denn wenn ihn die 15 Milliliter Polamidon und seine negative Denkweise nicht umbrachten, der Alkohol tat es gewiss. Und das sagte ich ihm auch, denn von Mal zu Mal, wenn er bei mir erschien, sah er immer kränklicher aus. Auf meinen Ratschlag hin, den Alkohol wegzulassen und dafür lieber ein paar Milliliter Polamidon mehr zu nehmen, erwiderte er, dass das nicht ginge. Den Alkohol würde er zum Schlafen benötigen. Er habe Restless-Legs (ruhelose Beine). Die Beine würden ohne Alkohol nachts nicht still liegen und ihn so am Schlafen hindern. Obwohl ich seine Antwort schon ahnte, machte ich ihm daraufhin den Vorschlag, etwas vom Methadon wegzulassen. Das ginge auch nicht, wandte er ein, da er unter eine Schilddrüsenfehlfunktion leide und ohne das Polamidon immer so Herzrasen bekomme.

Als er das nächste Mal zum Termin erschien, heulte er mir vor, dass sie ihn gerade eben beim Stehlen einer Flasche Wodka erwischt hatten. Und jetzt war es selbst bis zu ihm durchgedrungen, dass es bitterernst war. Der Richter würde ihn einsperren. Er würde nicht nur im Knast landen, sondern gleichzeitig auch wieder seine Wohnung verlieren, für die er Jahre gekämpft hatte. Dies war ein herber Rückschlag für ihn.

An der Art wie er mich ins Vertrauen zog, hatte ich bemerkt, dass er mich respektierte und Vertrauen zu mir gefasst hatte.

Da sah ich meine Chance und ich bot ihm einen Deal an. Ich sagte ihm, wenn er mir dreißig Tage lang, jeden Tag eine DIN A4 Seite schreiben würde, was er an diesem Tag Positives erlebt hat, wäre ich bereit persönlich bei seinem Richter vorzusprechen, um diesen zu bitten, die Bewährung nicht zu widerrufen. Er sah mich mit großen Augen an und fragte, ob ich das tatsächlich tun würde. Und ich antwortete, nur wenn er mir Stein und Bein darauf schwor, jeden Tag gewissenhaft eine Seite zu verfassen mit allen schönen Begebenheiten. Er fragte, wie ich mir das genau vorstellen würde. Ich sagte: wenn dir der Nachbar oder die Nachbarin die Türe aufhält, schreibst du das auf. Wenn die Sonne scheint, schreibe das auch auf. Wenn dir ein Missgeschick passiert, dann schreibst du beispielsweise, was es daran Positives gab. Zum Beispiel, wenn du hingefallen bist, notierst du, was du für ein Glück hattest, dass nichts gebrochen war. Witzelnd fragte er, wenn er überaus gute Drogen bekomme, ob er das dann auch aufschreiben solle? Die tun dir nicht gut, sagte ich. Oh doch, sagte er und grinste über beide Ohren. Soso, sie tun dir also gut, sagte ich. Er hatte sich gerade nach vorne gebeugt um seine Teetasse abzustellen, dabei hielt er sich mit einem Arm an den Tisch gelehnt. Da sollten wir doch lieber deinen Arm fragen, wenn du so denkst, sagte ich und packte ihn unversehens am Handgelenk und schob ihm den Ärmel hoch.

Eine ein Zentimeter breite und beinahe fünfzehn Zentimeter lange Fixernarbe war dort zu sehen. Was würde der Arm sagen, fragte ich. Das Lachen erstarb so schnell wie es entstanden war. Eher nicht gut, erwiderte er mit einem schmerzverzerrten Gesichtsausdruck. Ich zeigte auf die Leistengegend und seine Schenkel. Was würden deine Leiste und die Beine sagen, fragte ich. Gar nicht gut, gab er mit winselnder Stimme von sich. Und dein Herz, was würde das wohl sagen? Okay, ich will nur das Gute aufschreiben, jammerte er.

Er gelobte seinen Teil der Abmachung zu erfüllen.

Also ging ich am nächsten Tag zum Richter. Während einer Fachtagung für Sucht in einer anderen sozialen Einrichtung war ich ihm zufällig schon einmal begegnet und wir hatten ein paar Worte miteinander gewechselt. So brauchte ich mich nicht lange vorzustellen und erklärte ihm, wie mein Besuch zustande gekommen war. Der Richter hatte vor lauter Lachen Tränen in den Augen. Er stimmte dem zu, wünschte aber 90 Seiten und verlangte diese auch nach Ablauf der drei Monate zu Gesicht zu bekommen.

Schon nachmittags rief der Klient an und wollte wissen, wie das Gespräch ausgegangen sei. Ich sagte, dass der Richter meiner Bitte nachkam, aber mir nichts anderes übrigblieb, als die Abmachung zu erwähnen. Der Richter habe sich darauf eingelassen, allerdings unter der Bedingung, dass er 90 Seiten schrieb. Den inneren Aufschrei meines Klienten konnte ich förmlich durchs Telefon hören. Eine Woche darauf kam mein Klient wieder. Er hatte sieben randvoll beschriebene DIN A4 Seiten dabei. Und ich muss zugeben, er hatte sich wirklich Mühe gegeben ...«

Herr Klar hatte geendet. Ein Lächeln lag auf seinem Gesicht.

Marie hatte die ganze Zeit gespannt zugehört.

»Eine sehr interessante Geschichte«, sagte sie. »aber ich muss gestehen, ich verstehe den Sinn nicht ganz?«

»Der Mann war wie von einem Dämon besessen. Alles sah er negativ. Er dachte, die ganze Welt sei gegen ihn. Dadurch, dass er allen anderen die Schuld gab, hatte er sich unwissentlich in die Opferrolle begeben. Diese Sichtweise setzte sich auch in seinem Denken über sich selbst fort. Hier war er wiederum das Opfer seiner Krankheiten, der Schilddrüsenfehlfunktion und dem Restless-Legs-Syndrom. In dem er die Aufgabe bekam, alles Positive aufzuschreiben, was ihm jeden Tag begegnete, war er dazu angehalten, seine Sichtweise zu ändern. Zuvor hatte er nur das Negative im Auge gehabt. Jetzt musste er den Blick auf das Schöne im Leben richten.«

»Und das half?«

»Natürlich nicht sofort. Aber nach drei Wochen, also 21 DIN A4 Seiten später, vollgeschrieben mit positiven

Dingen, machte er auf mich einen gelösteren Eindruck. Was zuvor bei ihm als eine leichte Selbstironie zu erkennen war, wurde jetzt zu einem sprühenden Sarkasmus. Nach vier Wochen schenkte ich ihm reinen Wein ein. Ich sagte ihm, dass er bei seinem ersten Besuch wie vom Dämon besessen auf mich gewirkt habe. In der Folge erläuterte ich ihm kurz das Gesetz von Ursache und Wirkung. Dass es immer einen Zusammenhang gibt, zwischen dem, was war, und dem was folgt. Dass zwar die Menschen oft die kausalen Zusammenhänge ihres Tuns und die daraus resultierenden Folgen – also die Gesetzmäßigkeit der Beziehung zwischen Ursache und Wirkung – nicht sehen können, sie aber dennoch vorhanden sind. Dass Denken und Handeln jederzeit einen entscheidenden Einfluss auf das Erleben haben und dass sich er, mit seiner destruktiven Denkweise – die anderen seien schuld – in die Opferrolle begeben hatte. Irgendwie konnte ich ihn davon überzeugen, dass er sich mit seiner Denkweise in eine negativ behaftete Wahrnehmung hineinmanövriert hatte und er, wenn er so weitermachte, irgendwann eine Depression bekommen würde. Vielleicht lag es auch daran, dass ich in unseren Gesprächen hin und wieder Begebenheiten aus meinen eigenen Leben mit einfließen ließ und er erkannte, dass ich früher einmal derselbe Glücksritter war, wie er ...«
Marie unterbrach ihn.
»Sie waren ein Junkie?«, fragte sie fassungslos.
Herr Klar nickte.
»Das machte mächtig Eindruck auf ihn. Ich meine dieser Umstand, dass ich fast dieselben Geschichten wie er vom Stapel lassen konnte, aber jetzt hier saß und keine Drogen mehr nahm. Er sah mich fast als einen Guru an, was mich dazu veranlasste ihm eine weitere Aufgabe zu erteilen. Er wirkte nämlich ziemlich unruhig und der

Begriff: getrieben – wäre noch eine starke Untertreibung gewesen. Irgendwie schaffte ich es, ihm den Floh ins Ohr zu setzen, dass diese Unruhe von seinem Denken herrühren könnte. Dass er jahrelang negativ gedacht hatte und diese Unruhe nun mit das Resultat war. Das machte ihm zu schaffen, er hatte angenommen, er sei ein positiv denkender Mensch. Ich erklärte ihm, dass die Gedanken normalerweise wie Sternschnuppen durch den Kopf flogen, sie leuchteten auf und verglühten. In seinem Fall sagte ich, seien die Gedanken eher mit einem Kettenkarussell vergleichbar, auf dem hässliche Gnome saßen, die negative Phrasen vor sich hinplapperten. Ich gab ihm die Empfehlung, sich täglich 15 Minuten still auf einen Stuhl zu setzen und dem Atem zu folgen. Kommen Gedanken, sagte ich, solle er sie ziehen lassen und sich wieder auf seinen Atem konzentrieren. Atem ein, Atem aus. Ich erklärte ihm, diese Technik schafft Abstand zu den Gedanken und schärft die Wahrnehmung wie der Schleifstein das Messer ...«

Herr Klar nahm seine Tasse zur Hand, lehnte sich zurück und trank einen Schluck Tee.

»Und was wurde aus ihm?«, fragte Marie.

»Irgendwann wollte er nach Frankfurt, um eine Therapie zu machen. Ich konnte es selbst kaum glauben.«

Herr Klar ging zu seinem Schreibtisch, kam mit einer Postkarte zurück und reichte sie Marie.

NÜCHTERN BETRACHTET WAR ES BESOFFEN BESSER

war darauf zu lesen.

»Seinen Humor scheint er nicht verloren zu haben«, sagte Marie.

»Nein, ganz gewiss nicht«, lachte Herr Klar. »Er schrieb sie mir vor etwa einem Jahr. Die Therapie hat er inzwischen abgeschlossen. Er lebt aber noch immer dort und arbeitet mittlerweile in einem Handwerksbetrieb, der der Therapieanstalt zugehörig ist.«

Marie nahm ihre Tasse und trank einen Schluck daraus.

»Haben Sie mir die Geschichte von ihrem Klienten deshalb erzählt, weil das Methoden zum glücklich werden sind?«

»Durchaus«, sagte Herr Klar. Es sind zwei überaus wirkungsvolle Methoden, die einen positiven Einfluss auf die eigene Wahrnehmung ausüben.

Sie brauchen sich nur mal eine Person vorzustellen, die tagtäglich die Nachrichten liest.
All die Konflikte, Gewalttaten, Missbrauchsmeldungen, Morde und schlimmen Kriegshandlungen.
Ist die Person dann noch sensibel und psychisch ein wenig instabil, könnte das schon ausreichen, um ein negativ behaftetes Weltbild zu entwickeln. Völlig anders sähe die Sachlage aus, würden auch in gleicher Weise positive Berichte in die Nachrichtenmeldungen mit einfließen.
Die vielen Feuerwehr- und Notarzteinsätze, die tagtäglich tausende Leben retten. Die vielen Ärzte, Krankenschwestern und Pfleger die Tag für Tag um das Leben ihrer Patienten kämpfen. Die vielen Spenden, die tagtäglich gesammelt werden, um Menschen vor dem Verhungern oder aus anderen Notlagen zu retten. Die ganzen ehrenamtlichen Helfer in den Alteneinrichtungen, Flüchtlingsheimen, Hospizen und anderen sozialen Institutionen, die ihr Leben einer guten Sache widmen. Allein die vielen Busfahrer, Kapitäne und Piloten, die trotz schwieriger Verkehrs- oder Wetterlagen, die Reisenden heil ans Ziel bringen. All das Gute, was tagtäglich geschieht. Um eben diesen Blickwinkel der Wahrnehmung wieder ins rechte Licht zu rücken, ist die

Methode, sich die schönen Erlebnisse jeden Tag noch einmal ins Gedächtnis zu rufen, und sie aufzuschreiben, mehr als hilfreich.
Diese Methode würde selbst aus dem hartgesottensten Pessimisten innerhalb eines Jahres einen anderen Menschen machen.
Und nicht minder wirksam ist die Atemübung. Sie wirkt zwar in anderer Weise und macht nicht zwingend einen besseren Menschen aus demjenigen, der sie praktiziert, aber sie schärft Willen und Geist, da sie den persönlichen Fokus wieder in den Vordergrund rückt. Nebenbei hilft sie, einen gesunden Abstand zum eigenen Selbst herzustellen. Sie ist auf Dauer sehr effizient und ich würde sie jedem Menschen empfehlen, egal in welcher Lebenslage er sich befindet. Vielleicht ist es die hilfreichste Methode überhaupt, um Klarheit über sein Leben zu erlangen und beizubehalten. Wer das Leben meistern will, für den gilt der Sinnspruch: Wer Meister sein will, muss immer wieder Meister werden.«

Marie hatte gespannt zugehört. Herr Klar sprach ihr aus tiefster Seele. Doch sie hatte nicht vergessen, dass Herr Klar zuvor Körper und Geist erwähnt hatte und es interessierte sie, was es damit auf sich hatte.

»Zuvor sprachen Sie von Körper und Geist?«, erinnerte sie ihn.

»Sie haben recht. Ich sagte Körper und Geist. Darauf wollte ich gerade eben noch kommen.
Sehr oft haben die Menschen im allgemeinen, und auch jene die in eine Sucht geraten, eine falsche Vorstellung von Glück. Sie wähnen das Glück im Konsum. Das ist der Weg, der auch in den Medien, der Werbung und der Politik gerne propagiert wird. Immobilen, Autos, exklusive Reisen und teure Elektroartikel sollen uns

glücklich machen. Glück und Konsum sind für einen Großteil der Gesellschaft ein und dasselbe.

»Aber das ist doch auch ein Glück«, wandte Marie ein, »wenn man sich Dinge leisten kann, eine Eigentumswohnung und ein Auto hat.«

»Sagen wir so«, sagte Herr Klar, »es trägt entscheidend zum Wohlbefinden bei, wenn die Grundbedürfnisse nach Nahrung, Unterkunft und Arbeit befriedigt sind. Und es ist wissenschaftlich belegbar, dass die gestiegene Lebenserwartung hierzulande, ebenso wie die Volksgesundheit, auf unseren hohen Lebensstandard zurückzuführen sind. Genauso ist erwiesen, dass mit dem Wohlstand die Zufriedenheit nicht wächst, dass ein Zuwachs an Reichtum nicht gleichzeitig mehr Glück bedeutet. Glücklichsein ist eine innere Haltung und das Resultat einer positiven Lebensweise, mit vielen schönen Momenten im Leben. Und Glücklichsein hat nichts mit dem Hochgefühl zu tun, wenn man sich ein neues Smartphone aus dem Handyladen holt. Glücklichsein ist die Summe aus bejahender Weltanschauung, Genügsamkeit und positiven Handlungsweisen.

Haben sich unsere Akkus in Sachen Glück aus irgendeinem Grund entladen, ist die Glücksgewinnung mit Hilfe des Körpers, zum Beispiel durch Sport oder durch Erlebnisse in der Natur, die schnellste und effizienteste Art sie wieder aufzuladen. Das ist das Glücks Kung Fu, rausgehen, sich bewegen, sich gute Gedanken hervorzurufen – die Schönheit in der Natur zu entdecken, sie zu spüren.«

Marie dämmerte etwas. Herr Klar hatte nie auf sie wie ein Ex-Junkie gewirkt, nicht wie jemand der jahrelang Drogen genommen hatte. Diese Facette seines Lebens stellte schon die ganze Zeit für sie ein Rätsel dar. Es war nicht nur, weil er ein aufmerksamer Zuhörer war, er belesen wirkte was Drogen betraf, stets überlegte bevor er sprach, sondern da war noch etwas anderes in seiner Erscheinung. Und das war ihr in dem Moment bewusst geworden, als er »rausgehen und sich bewegen« sagte. Herr Klar wirkte ausgeglichen. Sie erinnerte sich an den Sinnspruch, den ihre Großmutter immer gesagt hatte: »Du bist, was du tust.«

»Dürfte ich Sie etwas Persönliches fragen«, fragte Marie.

»Nur zu«, erwiderte Herr Klar.

»Haben Sie auch Sport getrieben, damals als sie aufgehört haben?«

»Ich bin zehn Jahre lang jeden Tag joggen gegangen.«

»Wie lange waren Sie drogenabhängig?«

»Siebzehn Jahre.«

»Und wie lange sind sie jetzt clean?«

»Genauso lang.«

»Und jetzt laufen Sie nicht mehr jeden Tag?«

»Nein.«

»Machen Sie stattdessen eine andere Sportart?«

Diese Frage hätte sich Marie sparen können, sie sah es am leuchten seiner Augen und jetzt wusste sie auch warum die Bilder mit den Bergpanoramen an den Wänden gehangen hatten, die jetzt am Boden standen.

»Sport wäre vielleicht etwas übertrieben, aber ich gehe jede freie Minute in die Berge«, antwortete Herr Klar und lachte.

»Ich hatte es mir gedacht«, sagte Marie und zeigte auf den Stapel Bilder.

»Sport ist das ideale Mittel um den Glückshaushalt wieder herzustellen.«, sagte Herr Klar. »Egal ob Laufen, Radfahren, Rudern, Klettern oder einfach nur Wandern. Die sportliche Betätigung wirkt sich unmittelbar auf das eigene Wohlbefinden aus. Stress und Ärger sind danach meist wie weggeblasen, oder aber verlieren an Intensität und werden erträglich. Die Stimmung steigt und man wird ausgeglichener. Regelmäßiges Training hilft nicht nur Aggressionen und Ängste abzubauen, sondern kurbelt auch die Ausschüttung von Glückshormonen an, während sie von Stresshormonen gedrosselt wird. Es geht nicht darum Rekorde aufzustellen. Was für den einen ein 10-km-Lauf ist, ist für den anderen vielleicht schon die Bewältigung einer Strecke von 100 Metern oder weniger – die Auswirkung auf den Organismus bleibt dabei genau dieselbe. Unabhängig wie fit jemand ist, lässt sich für jeden die richtige Sportart finden. Und für Diejenigen die es lieber langsam angehen sind sanfte fernöstliche Entspannungs- und Bewegungsformen wie Yoga, Tai-Chi oder Qigong wie geschaffen. Mit ihnen lassen sich für Körper und Geist genau dieselben Effekte erzielen wie mit Ausdauersport. Durch sportliche Betätigung haben wir ähnlich wie mit Drogen, sofort und jederzeit die Möglichkeit, auf unser Wohlbefinden einzuwirken. Doch dieses Wohlbefinden ist – anders als bei Drogen – keine Lüge, sondern grundehrlich. Man bezahlt nicht mit der Einbuße seiner Lebensqualität und auch nicht mit der Zerstörung seiner vitalen und mentalen Funktionen, sondern erhält und verbessert sie dadurch in grundlegender Weise. Es gilt nur den inneren Schweinehund zu überwinden, nicht mehr und nicht weniger.«

»Es ist wirklich schade, dass Sie hier aufhören zu arbeiten«, seufzte Marie, »was soll Max nur ohne Sie anfangen? Er hat Vertrauen zu Ihnen gefasst. Und Sie wissen besser als jeder andere, wie man aus dieser Suchtfalle wieder herauskommt ...«

»Ach ja, Max«, erwiderte Herr Klar. »Ich wollte es Ihnen ja noch erzählen. Max geht auf Entgiftung und

anschließend auf Therapie. Wir haben gemeinsam einen Therapieplatz auf einem Bauernhof für ihn gefunden.«
Bei diesen Worten schossen Marie Tränen in die Augen.

»Er will in eine Therapieeinrichtung gehen«, wiederholte sie schluchzend das Gesagte, ohne dass sie es richtig glauben konnte.

»Ja, er möchte einen Schlussstrich ziehen und einen Neuanfang wagen. Wir waren schon gemeinsam dort und haben uns den Bauernhof angesehen. Er liegt in einer traumhaften Landschaft, ringsum sind die Berge zu sehen und sie haben eine ganze Menge Tiere dort, darunter Pferde, Esel und Schafe. Ja, sogar Hühner, Gänse und Enten. Max war ganz begeistert.«
Marie wischte sich die Tränen aus dem Gesicht und schnäuzte in ein Taschentuch.

»Es tut mir leid«, schluchzte sie, »ich war nur so überrascht ...«

»Das ist völlig in Ordnung.«
Herr Klar sah zum Fenster und dann auf die Uhr. Es war schon nach 19 Uhr und draußen war es bereits dunkel.

»Heute haben wir deutlich überzogen«, sagte er schmunzelnd.
Marie schluckte einen Kloß herunter.

»Eine Frage hätte ich noch?«

»Gerne.«

»Was machen Sie, wenn Sie hier aufgehört haben?«

»Ich werde Schreiben.«

»Sie wollen sich der Schriftstellerei widmen?«

»Schriftstellerei? Das klingt so hochgegriffen. Ich will Bücher schreiben.«

»Was für Bücher?«

»Krimis, dachte ich mir...«
Marie stand auf. Herr Klar holte ihren Mantel von der Garderobe und half ihr hinein.

»Ach ja, ehe ich es vergesse«, sagte Herr Klar, ging zu seinem Schreibtisch und nahm den Stapel Blätter an sich. »Ich habe das Manuskript über die Funktionsweise der Sucht beinahe fertig. Es fehlt nur noch der Schluss. Ich werde vorerst zwei Kopien anfertigen, eine will ich Max mitgeben – und da dachte ich mir, vielleicht hätten Sie auch Interesse, das Skript zu lesen?«

»Oh danke«, sagte sie, »ich würde es liebend gerne lesen.«

»Dann werde ich es Ihnen zusenden. Vielleicht bekomme ich es sogar heute noch fertig. Ich schreibe auch meine Nummer dazu. Über eine Rückmeldung würde ich mich freuen.«

»Das mache ich gerne«, sagte Marie.

»... Eine letzte Frage hätte ich noch?«

»Nur zu.«

»Wann haben Sie eigentlich mit dem Schreiben angefangen, war das vorher oder nachher.«

»Es war danach«, antwortete Herr Klar, »ich versuchte mich an einer Biografie.«

»Dann haben sie doch auch etwas Gutes aus ihrer Lebensgeschichte gezogen?«

»Wenn man es so nimmt, ja!«, sagte Herr Klar und lachte.

*

Marie legte das Manuskript beiseite. Es hatte eine ganze Zeit gedauert, bis es bei ihr im Briefkasten gelegen hatte. Bis sie zum Lesen angefangen hatte, waren dann noch einmal ein paar Tage vergangen. Sie hatte keine Ruhe gefunden solange Max auf Entgiftung war. Durchgelesen hatte sie es dann schnell. Immer wieder war sie durch ein Wechselbad der Gefühle gegangen und manchmal waren ihr auch die Tränen gekommen. Ob es Max auch so ging? Las er es überhaupt? Sie hoffte es so sehr. Inzwischen war er in der Bauernhof-Therapie angekommen. Sie selbst hatte ihn nach dem Entzug von der Klinik abgeholt und hingefahren. Dann hatte er eine ganze Woche nichts von sich hören lassen und heute war das erste Lebenszeichen von ihm gekommen. Eine SMS. Sie nahm ihr Handy zur Hand und sah sie sich noch einmal an. »Hey Mam, hier ist es großartig! Ich bin für ein kleines Ferkel verantwortlich, das ich mit der Flasche aufziehen muss. Es liegt gerade auf meinen Oberschenkeln und schläft. Ich bin so glücklich!« Marie bekam schon wieder feuchte Augen, aber dieses Mal aus Freude. Sie war wohl schon ihr ganzes Leben zu nah am Wasser gebaut.

Ende

Wenn wir ein Mittel gegen die Sucht finden sollten, so wird es nur die Weisheit sein. ©Alexander Golfidis

Quellenangaben:

Seite 24
Ulrich Weinzierl, Stefan Zweigs brennendes Geheimnis, September 2015, Paul Zsolnay Verlag

Seite 24
Collins/Lapierre, Gandhi Um Mitternacht die Freiheit, Goldmann Verlag, München 1976 ISBN 3-442-06759-6

Seite 15/16/81/112
Die Ursachen der Sucht, 01.01.1989, Geißel Rauschgift, Spiegel Spezial, Der Spiegel, Spiegel-Verlag Hamburg

Seite 93
Alexander, B.K., Beyerstein, B.L., Hadaway, P.F., and Coambs, R.B. (1981): *Effect of early and later colony housing on oral ingestion of morphine in rats,* In: *Pharmacology, Biochemistry and Behavior,* Vol 15, 4:571–576. PMID 7291261